R 13654

Paris
1666

Cordemoy, Géraud de

*Le Discernement du corps et de l'âme
en six discours, pour servir
à l'éclaircissement de la physique*

janvier

R 2533

LE DISCERNEMENT DV CORPS ET DE L'AME

EN SIX DISCOVRS,

Pour seruir à l'éclaircissement de la Physique.

DEDIEZ AV ROY.

A PARIS
Chez FLORENTIN LAMBERT,
ruë S. Iacques, deuant S. Yues,
à l'Image S. Paul.

M. DC. LXVI.

AV ROY.

IRE,

Sans blesser le profond respect auec lequel ie presente ce Liure à VÔTRE MAJESTE', j'oseray l'asseurer qu'Elle y trouuera des choses dignes de son attention. J'examine en cét Ouurage les differentes operatiõs

EPISTRE.

de l'Ame & du Corps, & le secret de leur vnion; ainsi proposant à chacun ce qu'il est & ce qui se passe en luy-mesme, ie croy pouuoir dire que ie propose à VÔTRE MAJESTÉ le plus digne objet qui puisse arrester ses regards, & meriter ses reflexions. Iamais l'vnion de ces deux excellentes parties qui font tout l'homme, ne fut si merueilleuse qu'en elle, & iamais Heros n'eut vne si grande Ame dans vn si beau corps: aussi ne regardons nous pas vostre personne sacrée, comme vn pur Ouurage de la Nature; nous auons crû dés le moment de sa naissance qu'elle venoit du Ciel, & nous considerons toutes ses actions comme les suites continuelles du Miracle, qui nous l'a donnée. En effet, SIRE, nous ne

voyons faire que des prodiges à
VÔTRE MAJESTE': Quand la chaleur de l'âge & le bon succez de ses
armes sembloient ne luy deuoir inspirer que les combats ; Elle nous a
donné la Paix : Et quand vn si profond repos sembloit ne luy deuoir
inspirer que les delices; on a veu que
par mille soins plus grands & plus
glorieux que tous les trauaux de la
guerre, Elle a reparé presqu'en vn
moment les desordres de trente années. Ces merueilles ont surpris toute la Terre : Mais VÔTRE MAJESTE'
n'en demeure pas à ces illustres com-
mencemens ; Elle medite de plus
grandes choses pour nostre felicité,
Elle pense à corriger les abus de plusieurs siecles, & ce qu'elle fait chaque iour pour auancer vn si grand
ã iij

*deßein, marque bien qu'elle fait con-
ſiſter toute la gloire de ſon Regne, à
nous rendre parfaitement heureux.
On voit qu'elle s'applique elle meſme à tout ce qui peut maintenir la
Iuſtice, l'abondance, & le calme dans
ſon Royaume, & que loin d'écouter
ces auis funeſtes qui n'alloient qu'à
l'oppreßion de ſes peuples, elle les
a vengez de leurs perſecuteurs, &
ne veut plus entendre parler que des
moyens d'établir le commerce, de
perfectionner les Arts, & de rendre la vie de ſes Sujets plus douce,
plus tranquille & plus commode. On
voit meſme que pour exciter les
Sauans à la recherche de tout ce qui
peut ſeruir à de ſi belles entrepriſes,
Elle honnore les Sciences d'vne pro-
tection toute particuliere. Enfin les*

EPISTRE.

Gens-de-bien ont le plaisir de voir qu'on peut pretendre à la faueur, dés qu'on est capable de rendre seruice à l'Estat, & que celuy qui trauaille le plus infatigablement pour le Public est celuy qui plaist le plus à VÔTRE MAJESTE'. *Le beau moyen,* SIRE, *de plaire aux Roys! qu'il y en a peu à qui l'on fasse ainsi sa Cour! & que ce seroit vn grand auantage à toutes les Nations, si tous les Souuerains suiuoient l'exemple de* VÔTRE MAJESTE', *Ou si* VÔTRE MAJESTE' *regnoit sur tout le Monde! Mais ie ne m'aperçoy pas que suiuant plus mes inclinations que mon premier dessein, ie parle de ce que j'admire en* VÔTRE MAJESTE' *& ne parle plus de mon Liure: la Matiere m'en a toûjours paru si im-*

EPISTRE.

portante & si belle, que j'ay tasché de ne rien ômettre de ce qui la pouuoit éclaircir, & pour en resoudre les difficultés, ie ne me suis seruy que des connoissances que nous auons naturellement de l'Ame & du Corps. Ie souhaite, SIRE, que mon trauail soit vtile au Public, afin qu'il soit agreable à VÔTRE MAJESTÉ, Et si c'est trop demander, ie souhaite au moins qu'elle le regarde comme vn effet de l'extreme passion que j'ay de luy plaire, & du zele ardent auec lequel ie suis,

SIRE,

De VÔTRE MAJESTÉ,

Le tres-humble, tres-obeïssant,
& tres-fidele seruiteur & sujet,
DE CORDEMOY.

PREFACE.

IL n'y a presque personne qui s'arréte à considerer les merueilles du Corps & de l'Ame: cependant ce sont deux ouurages dont chacun à part est admirable, & qui font vn composé surprenant en mille façons. Il est capable de rauir quiconque l'examine: Et quand on n'auroit que la seule enuie de se diuertir, j'estime que rien ne sauroit donner tant de plaisir que cette étude. Quelques emportez croyent qu'il ne faut que le Corps pour goûter les plus grandes douceurs de la vie; mais ie puis dire auec plus de raison qu'il ne faut que l'Ame. Elle renferme en soy tout ce qui la peut satisfaire; & pour estre dans vne joye sans pa-

PREFACE.
reille, elle n'a qu'à faire reflexion sur ce qu'elle est; elle n'a qu'à bien examiner les notions parfaites que Dieu luy a données, soit pour se connoistre elle-mesme, soit pour connoistre le Corps qu'elle anime, soit pour connoistre quel est ce merueilleux rapport qui fait toute leur vnion; elle peut par le mesme moyen connoistre (du moins autant qu'il luy est vtile) toutes les autres pieces qui composent cét vniuers; enfin elle peut par ces lumieres connoistre Dieu mesme, & le connoistre assez pour l'aymer plus que toutes choses.

Il me semble que ces considerations sont assez puissantes pour obliger vne personne raisonnable à rentrer en soymesme. Mais quand la necessité que chacun a de se bien connoistre n'engageroit pas é-

PREFACE.

galement tous les hommes à confiderer les differentes fonctions de l'Ame, & du Corps; il faut auoüer que c'eft vne étude dont on ne fauroit fe paffer dans la plufpart des profeffions, que l'on fuit le plus ordinairement quand on fe fent vn peu de talent & d'efprit. Ceux qui fe deftinent à la Chaire femblent en auoir neceffairement befoin, & les Medecins ne la peuuent negliger fans s'expofer à mille fautes auffi honteufes pour eux, qu'elles feroient funeftes aux autres.

Que fi ceux qui font employez au maniment des affaires, publiques ou particulieres, n'ont pas vne neceffité fi abfoluë de l'aprofondir; il eft pourtant vray qu'il leur eft tres vtile d'y employer quelque temps. Car encore que de fi

PREFACE.

belles connoissances semblent estre de peu d'vsage dans le commerce du Monde; il est vray toutesfois que la façon dont il se faut prendre pour les acquerir accoûtume si bien l'esprit à deméler les plus grandes difficultés, qu'il n'y en a presque point dans les affaires les plus embarassées, qu'il ne puisse facilement éclaircir, quand vne fois il a pû vaincre celles-là. En effet, il n'y a rien qui puisse disposer vn homme à conceuoir si nettement chaque chose, & à deméler si exactement celles qui paroissent confuses, que les precisions qu'il est obligé de faire, quand il veut bien distinguer tout ce qui luy appartient à cause du Corps, d'auec ce qui luy appartient à cause de l'Ame. Comme en cette étude il n'examine que ce qui se passe en luy-mesme, & que

PREFACE.

son objet luy est toûjours present, il ne sauroit manquer
d'attention en le considerant;
& quand vn peu d'habitude en
cette Physique, l'a rendu assez
attentif pour bien obseruer les
particularitez de chaque chose auant que d'en juger, & luy
a bien fait connoistre par ce
moyen toutes celles qui luy
sont les plus intimes & les plus
importantes; Il peut bien plus
seurement juger de celles du
dehors, & qui n'importent
qu'aux autres hommes; il n'est
plus si sujet à se precipiter; il
se souuient de ses anciennes
erreurs; il en connoist les causes; il sait comment il s'en est
tiré; & ce qu'il a fait pour luy-
mesme le met en estat de pouuoir ayder à ceux qui l'écou-
tent, soit dans vne negociation,
soit dans vne action publique,
ou dans vne deliberation, à dis-

cerner, & mesme à suiure toûjours le meilleur party. Car enfin tous les hommes estant sujets aux mesmes passions, & aux mesmes erreurs : celuy qui s'est assez étudié pour connoistre les siennes, & toutes les causes de tant de diuers mouuemens qui l'agitent, sait bien mieux les moyens qu'il faut employer pour instruire ou pour émouuoir les autres : & c'est en cela si ie ne me trompe, que consiste la veritable éloquence.

Ce n'est pas que de là je veuille conclure que le plus grand Philosophe soit toûjours le plus éloquent & le plus propre aux affaires, je say qu'il y faut des talens naturels, & mesme de l'inclination, & que sans cela l'on n'y sauroit bien reüssir : Mais ie say aussi que celuy qui a tous ces auantages

PREFACE.

les fait bien mieux valoir quand il a le secours de la Philosophie: c'est sans doute par cette raison que tous les grands Orateurs y ont employé tant de temps, & ie pense pouuoir dire que les deux plus illustres de l'Antiquité en auoient tiré toutes ces belles lumieres qui les ont tant fait éclater entre les autres.

I'auoüe pourtant qu'elle ne doit pas occuper toute nostre vie, & qu'aprés y auoir passé quelques années auec attache, il est bon de n'y penser plus que dans les heures où il est permis de se diuertir. C'est apparamment comme Ciceron en auoit vsé ; & la maniere dont il parle en quelques endroits, fait voir qu'il faut tascher de la posseder de sorte que l'on s'en puisse faire vn diuertissement, (ce qui ne peut arriuer si l'on

PREFACE.

ne s'y applique d'abord d'vne façon bien ferieufe): mais qu'il faut bien fe garder de preferer ce diuertiffement au feruice que l'on peut rendre à fon Païs, ou à fa famille dans des emplois confiderables, ou dans vne profeffion particuliere.

Si ce grand homme, & tous ceux qui ont manié les plus difficiles affaires de Rome & de la Grece, fe font fi bien trouuez de cette Methode, il eft éuident qu'elle ne fauroit mal reüffir à qui que ce foit, à quel-qu'employ qu'on le deftine, & que pour fuiure les Anciens (du moins autant qu'il nous eft permis) la premiere demarche que nous auons à faire, eft l'étude d'vne Philofophie qui nous rende capables de faire vn jufte difcernement de chaque chofe, & de raifonner fur d'autres fon-

demens

PREFACE.

demens que fur nos prejugez, & fur les opinions vulgaires. Ce n'eſt pas que je veuille dire qu'elles ſoient toutes mauuaiſes; mais en verité l'on ne ſe doit fier à pas vne qu'aprés l'auoir bien examinée: & pour s'accoûtumer à cela, chacun ne peut mieux commencer, que par ce qui ſe paſſe en luy-même & par l'examen de toutes les idées qu'il a de l'Ame & du Corps. C'eſt ce que j'ay eſſayé de faire en mon particulier; j'ay taſché de recueillir dans les ſix Diſcours qui ſuiuēt, tout ce que l'on a beſoin d'obſeruer touchant ces deux choſes. Et ſur tout ce qui peut ſeruir à les bien diſcerner l'vn de l'autre.

Dans le premier, j'examine les notions que nous auons en general des Corps & de la Matiere; de la Quantité; des Qualitez; du Lieu; du Repos; du

PREFACE.
Mouuement; du Vuide; & de la Forme, pour voir ce que l'on doit entendre par tous ces termes, qui font tout l'embaras de la Physique ordinaire.

Dans le second, j'examine les changemens que ie connois dans la Matiere, & j'explique tous ceux qui regardẽt la Quantité, la Qualité, & la Forme, par le mouuement local; ce qui fait voir qu'il n'est pas besoin d'en admettre d'autre.
Dans le troisiéme, j'explique le mouuement des Machines artificielles, & celuy des Machines naturelles par vne mesme cause: & je dis quelle est cette cause à ne considerer que les Corps.

Dans le quatriéme, passant au delà des Corps, ie parle de la Premiere Cause du mouuement, faisant voir qu'aucun Corps, ny aucun Esprit creé pour excellent qu'il soit, n'est

PREFACE.

la veritable cause d'aucun mouuement & n'en peut estre que l'occasion.

Ce qui me donne lieu d'examiner dans le cinquiéme, en quoy consiste l'vnion de l'Ame & du Corps, & comment ils agissent l'vn sur l'autre.

Enfin dans le sixiéme, aprés auoir fait connoistre ce que nous deuons entendre, par ce que nous appellons nôtre Ame, & par ce que nous appellons nôtre Corps, je tasche de faire bien distinguer l'vn de l'autre, & mesme de montrer que l'on est bien plus asseuré de l'existence de l'Ame, que de celle du Corps.

En ce dernier Discours, pour parler auec moins d'incertitude, je commence à ne plus parler, que de ce que je reconnois en moy, j'examine le plus precisément, qu'il m'est possible toutes les operations

PREFACE.

qui dependent de mon Ame, celles qui dependent de mon Corps, & celles qui resultent de leur vnion : croyant qu'il ne sera pas difficile à toutes personnes de bon sens de demêler toutes ces choses en soy-même, & de voir ce qu'il doit juger, 1. de soy, 2. des autres hommes, & 3. des bestes.

Ie n'ay pourtant pas traitté ces deux derniers Points, & quoy que le partage du sixiéme Discours en promette l'explication, quelques considerations m'ont empesché de la faire. Ces considerations pourront cesser & me permettre de donner vn iour ce que ie retiens pour le present ; mais il me semble que pour peu que l'on fasse de reflexion sur ce que i'ay dit, on pourra facilement suppléer ce qui me reste à dire.

TABLE.

PREMIER DISCOVRS.
DES Corps & de la Matiere. page 1.

II. DISCOVRS.
Du Mouuemēt & du Repos des Corps. Et qu'il n'arriue aucun changement en la Matiere, que l'on ne puisse expliquer par le mouuement local. page 27.

III. DISCOVRS.
Que les Machines artificielles & les Machines naturelles n'ont qu'vne mesme Cause de leur mouuement. Et Qu'elle est cette Cause, à ne considerer que les Corps. p. 59.

IV. DISCOVRS.
De la Premiere Cause du Mouuement. page 93.

V. DISCOVRS.
De l'Vnion de l'Esprit et du Corps. Et de la maniere dont ils agissent l'vn sur l'autre 119.

TABLE.

VI. DISCOVRS.

De la distinction du Corps & de l'Ame.
Et que l'existence de l'Ame est plus asseurée que celle du Corps.
Des operations de l'vne & de l'autre en particulier.
Et des effets de leur vnion. p. 137.

Extraict du Priuilege du Roy.

PAr Grace & Priuilege du Roy, il est permis à nostre bien amé N. de faire imprimer, vendre & debiter, par tel Imprimeur & Libraire qu'il luy plaira, six Discours seruant à l'explication de la Physique, & ce pendant le temps & espace de sept années consecutiues : auec defenses à tous Imprimeurs, Libraires, & autres personnes de quelque qualité & condition qu'ils soient, d'imprimer ou faire imprimer ledit Liure, sous quelque pretexte que ce soit sans le consentement dudit Exposant, à peine de confiscation des Exemplaires contrefaits, de tous dépens, dommages, & interests, & d'amande, comme il est plus au long porté par ledit Priuilege, donné à Paris le vingt-troisiéme Nouembre 1665. & du Regne de sa Majesté le 23. Signé, Et scellé de grand sceau. RAINCE.

Regîstré sur le Liure de la Communauté, suiuant l'Arrest du Parlement en datte du 8. Auril 1653. Fait à Paris le 15. Ianuier 1666. Signé, S. PIGET, Syndic.

Ledit Priuilege a esté transporté à Florentin Lambert Marchand Libraire, suiuant l'accord fait entre-eux.

DES CORPS
ET
DE LA MATIERE.

PREMIER DISCOVRS.

O N sçait qu'il y a des Corps & que le nombre en est presque infiny : On sçait aussi qu'il y a de la matiere ; mais il me semble que l'on n'en a pas de notions assez distinctes, & que c'est de là que viennent presque toutes les erreurs de la Physique ordinaire.

Ainsi ie me persuade que le meilleur moyen d'y remedier, est de bien

A

demefler cette confusion & d'examiner precisément ce que l'on doit entendre par les corps & par la matiere.

Les Corps sont des substances estenduës.

1. Comme il y en a plusieurs, l'étenduë de chacun doit estre terminée, & ce terme est ce que l'on appelle *figure*.

2. Comme chaque corps n'est qu'vne mesme substance, il ne peut estre divisé ; sa figure ne peut changer ; & il est si necessairement continu qu'il exclud tout autre corps ; ce qui s'appelle *impenetrabilité*.

3. Le rapport que les corps ont entre-eux par leur situation, s'appelle *le lieu*.

4. Quand ce rapport change, on dit que les corps à l'occasion des-

quels ce changement arriue, sont meus, ou (ce qui est la mesme chose) qu'ils sont en *mouuement*.

5. Et quand ce rapport continuë, on dit qu'ils sont en *repos*.

LA MATIERE est vn assemblage de corps.

1. Chaque corps consideré comme composant cét assemblage, est ce qu'on appelle proprement *vne partie de la matiere*.

2. Plusieurs de ces corps considerez ensemble, & separément de tous les autres, sont ce qu'on peut appeller proprement *vne portion de matiere*.

3. Si ces parties ou ces portions demeurent sans liaison les vnes auprés des autres, cela s'appelle *tas*.

4. Si elles coulent les vnes entre

les autres, changeant inceſſamment leur ſituation, cela s'appelle *liqueur*.

5. Si elles ſont accrochées enſemble & ſans mouuement, ou auec ſi peu de mouuement, qu'elles ne ſe puiſſent détacher, cela s'appelle *maſſe*.

Comme chaque corps ne peut eſtre diuiſé, il ne peut auoir de parties; mais comme la matiere eſt vn aſſemblage de corps, elle peut eſtre diuiſée en autant de parties qu'il y a de corps : Ell peut auſſi eſtre diuiſée en portions, mais elle ne peut auoir autant de portions qu'elle a de parties.

Faute d'auoir conſideré ces choſes attentiuement, on a confondu les notions de la matiere en general, & celles de chaque corps en particulier; & parce que l'on a veu que les tas, les liqueurs, & les maſſes ſe diuiſoient d'abord en diuerſes portions visibles, lesquelles enfin se reduisoient à force de diuiser, en portions imperceptibles, on a crû que ce qui estoit arriué tant de fois à toutes les portions que l'on auoit separées des autres, arriueroit à l'infini, & que si la quantité des diuisions ne nous rendoit ce qui reste insensible, nous pourrions toûjours diuiser, sans prendre garde qu'à force de diuiser il faudroit enfin que l'on rencontrast quelque portion composée de deux corps seulement, lesquels estans separez l'vn de l'autre, arresteroient la diuision, puisque chacun d'eux est vne substance qui ne peut estre diuisée.

Il est bon en cet endroit de remarquer deux choses.

La premiere, que chaque corps en particulier n'est pas capable d'ébranler les organes de nos sens; & comme il en faut vn grand nombre pour composer la moindre portion de matiere sensible, il est certain que nous ne sçaurions aperceuoir aucun corps, & que tout ce que nous voyons, est de la matiere.

La seconde est que chacun des corps estant imperceptible, on ne sçauroit aperceuoir leur jonction, de sorte que toutes leurs estenduës paroissent dans vne masse, comme si ce n'estoit qu'vne mesme estenduë.

Cependant comme nous auons vne idée tres-claire des corps, & que nous sçauons que ce sont des substances estenduës, nous joignons indiscretement cette notion que nous auons des corps, aux perceptions que nous auons de la matiere, & prenant vne masse pour vn corps, nous la considerons comme vne substance, croyans que tout ce que nous voyons n'est que la mesme estenduë; Et parce que tout ce que nous voyons ainsi estendu est diuisible, nous joignons tellement la notion de ce qui est estendu à la notion de ce qui est diuisible, que nous croyons diuisible tout ce qui est estendu.

Mais pour en mieux juger, il faut s'accoustumer à considerer les choses comme elles sont & non pas comme elles paroissent, & se ressouuenir de deux choses: L'vne, que toute masse est vn amas de plusieurs substances, & non pas vne substance: L'autre, qu'elle n'a point d'étenduë propre & qu'elle n'en paroist auoir, que parce que chaque corps qui la compose, en a. Et cela bien consideré, nous connoistrons euidemment qu'vne masse n'est diuisible, que parce que ses extremitez & son milieu ne sont pas la mesme substance, & que ce que l'on dit estre le bas de la masse, ou le haut, ou le costé, ou le dedans, ou le dehors, sont des substances differentes & dont chacune subsistant à part de celles qui l'accompagnent, elle en peut estre separée; au lieu que dans chaque corps particulier les extremitez & le milieu ne sont que la mesme substance, qui ne peut estre estenduë sans auoir necessairement toutes ces choses : tellement qu'aucune n'estant differente du corps, aucune aussi n'en peut estre separée, & par ce moyen il demeure indiuisible.

Toutes ces choses paroistront necessairement vrayes, à qui se donnera le loisir de les considerer attentiuement, & l'on verra qu'il est impossible sans cela d'auoir aucune notion claire des principes de la Physique.

I'aduouë que l'on est si accoustumé à prendre la matiere pour les corps, que de tres-grands hommes n'en donnent qu'vne mesme definition; mais comme cette definition ne contient que ce qui peut conuenir à chaque corps en particulier, à sçauoir, d'estre *substance* & d'estre *estendu*, il ne faut pas s'estonner si ces personnes croyant que la matiere estoit vne substance, & qu'il n'y auoit point d'autre estenduë que la sienne, croyent aussi que toute estenduë est diuisible ; mais s'ils y veulent vn peu penser, ils pourront reconnoistre qu'vne mesme substance ne se peut diuiser en elle-mesme, & que si sa nature est de pouuoir estre estenduë, du moment que l'on conçoit qu'elle l'est, il faut aduoüer qu'estant la mesme en toutes ses extremitez, aucune de ses extremitez n'est separable d'elle.

Si l'on estoit sans preuention sur ce sujet, on n'auroit pas besoin d'vne si longue discussion ny de rebattre si souuent la mesme chose ; Mais comme la coustume de croire que l'on sçait, est souuent aussi puissante sur l'esprit que la science mesme ; il ne suffit pas tousiours, pour persuader à des gens le contraire de ce qu'ils pensent sçauoir, de leur exposer nettement la verité : ce n'est qu'en la montrant à diuerses fois qu'on la fait reconnoistre, & non seulement il est bon d'en faciliter la connoissance par des repetitions frequentes; mais il est souuent à propos, apres auoir fait apercevoir vne verité par les principes, de montrer les inconueniens qu'il y auroit de croire le contraire.

C'est pourquoy ie ne feindray pas de dire que i'ay trouué que tous ceux à qui i'ay oüy parler des Corps & de la Matiere comme d'vne mesme chose, n'ont iamais sceu m'expliquer leur pensée là dessus, quoy que j'en connoisse entre-eux, qui ayent vn esprit excellent, & vne tres-grande habitude à deméler les plus grandes difficultez : mesme lors que i'ay voulu supposer auec eux que la matiere estoit vne substance, & qu'vne substance se pouuoit diuiser, qui sont les deux choses du monde les plus éloignées de ce qu'on en peut connoistre par la lumiere naturelle, ils ne m'ont donné aucune satisfaction. Quand ie leur ay demandé si cette substance qu'ils croyent diuisible, l'est à l'infiny, comme il me sem-

bloit que leur suppofition le donnoit
à entendre? Ils m'ont répondu que
non, mais qu'elle l'eftoit indefiniment: & quand ie les ay priez de
m'expliquer cette diuifion indefinie, ils me l'ont fait entendre de la
mefme maniere que tout le monde
entend l'infiny; Et pour acheuer par
vn peu de bonne foy vn difcours
fi plein d'obfcurité, ils m'ont adnoüé qu'à la verité il y a quelque
chofe d'inconceuable en cela; mais
qu'il falloit neceffairement que cela
fuft de la forte: or il me femble qu'il
n'y a pas la mefme obfcurité en ce
que ie propofe. Ie dis que chaque
corps eft vne fubftance eftenduë, &
par confequent indiuifible, & que la
matiere eft vn affemblage de corps,
& par confequent diuifible en autant de parties qu'il y a de corps;
cela me femble clair.

Vn autre inconuenient que je
remarque en l'opinion de ceux, qui
difent que la matiere mefme eft vne
fubftance eftenduë, c'eft qu'ils ne

sçauroient faire conceuoir vn corps à part, sans supposer vn mouuement : tellement que selon leur doctrine, on ne peut conceuoir vn corps en repos entre d'autres corps, car supposé qu'il leur touche, cette doctrine enseigne qu'il ne fait plus qu'vn mesme corps auec eux : Cependant il me semble que nous auons vne idée bien claire & bien naturelle, d'vn corps parfaitement en repos entre d'autres corps, dont aucun n'est en mouuement, & que ce que je dis de chaque corps s'accorde tout à fait bien auec cette idée.

Le troisiéme inconuenient, que je remarque en cette opinion, est que si l'on croit qu'vn corps estant vne portion de matiere, il se doiue diuiser dés que ses extremitez seront meuës en diuers sens, il s'ensuiura que quand des corps enuironnans, le pousseront par differents endroits, & suiuant des lignes opposées, il le diuiseront en autant de façons qu'il sera poussé, en sorte que les parties, qui s'en separeront, estant diuersement repoussées contre celles qui luy restent, les separeront jusques à l'indefiny (pour parler selon cette doctrine) c'est à dire que si ce n'est infiniment, du moins ce sera tant, que l'on ne pourra conceuoir de bornes à cette diuision, qui continuera toûjours, sans que jamais on puisse fixer, pour vn seul moment, la grandeur d'vn corps en mouuement, moins encore le pourra-t'on faire, si l'on suppose que ce corps tourne sur son propre centre, & qu'il soit quarré. Car si l'vn des angles tend vers le haut, l'autre tendra de necessité vers le bas, & tandis que celuy de dessus sera dirigé à droit, celuy de dessous sera dirigé à gauche : ainsi voila dés le premier moment, le corps, que ses angles quitteront, en cinq pieces : Et si son mouuement continuë, on voit qu'il ne sera pas vn moment sous la mesme figure, ny sous la mesme grandeur. Que si pour euiter cette fâcheuse conclusion, l'on respond qu'il se rallie des parties autant qu'il s'en diuife: Il eſt facile de voir, qu'on retombe dans l'inconuenient, que l'on veut éuiter; car s'il eſt vray qu'à tous momens des parties ſe ſeparent, & ſe ralient, il n'y a pas vn inſtant, dans lequel aucun corps puiſſe demeurer de meſme grandeur, ou de meſme figure. Ainſi cette opinion qui n'eſt pas claire quand on la propoſe; ne peut ſeruir de rien en Phyſique quand on la ſuppoſe, puiſqu'elle ne peut expliquer ny le repos, ny le mouuement des corps dont on ſçait que depend toute la Phyſique.

I'aduouë ingenuëment toutefois, que je n'ay jamais oüy mieux parler des ſciences naturelles, qu'à ceux, qui ſouſtiennent cette opinion; mais il faut auſſi qu'ils demeurent d'accord, que quand ils diſent de ſi belles choſes, ils ne la ſuiuent pas, & qu'aprés auoir bien ſouſtenu que tout corps eſt diuiſible, ils ſuppoſent enfin, que pluſieurs ne ſe diuiſent point actuellement durant certain temps; ce qui ne peut estre, suiuant leur principe : de sorte qu'ils l'abandonnent & sont obligez de faire vne supposition toute contraire, qnand ils veulent rendre raison de quelque chose. Or il me semble que pour parler aussi intelligiblement dés les commencements de la Physique, qu'ils font dans la suite, ils n'auroient qu'à suiure les principes que je propose. Ils sont intelligibles, l'on en peut deduire toutes les conclusions admirables, qui m'ont fait suiure leur doctrine auec tant d'attache & de plaisir : d'ailleurs, ces principes ne sont point nouueaux, aussi je ne pretend pas auoir rien trouué de particulier, j'ay seulement fait vn peu de reflection sur les notions que l'on a des corps, & de la matiere, & j'ay reconnu que l'on ne sçauroit conceuoir les corps que comme des substances indiuisibles, & que l'on ne sçauroit conceuoir la matiere que comme vn amas de ces mesmes substances : ce qui me semble n'auoir point esté bien expliqué iufques icy, & fatisfaire tellement à tout, que ie ne crois pas que l'on puiſſe propofer aucune difficulté, que cela ne refolue, ny que l'on puiſſe iamais parler clairement en Phyſique fans cela.

Pour derniere obferuation fur les notions, que nous auons des corps & de la matiere, i'ay remarqué que naturellement nous fommes portez à appeller *Corps*, ce qui nous femble indiuifible, & *Matiere*, ce qui fe peut diuifer fans rien detruire : ainfi ce que nous nommons noſtre corps, eſt en effet l'amas de cent millions de corps, en vn mot, c'eſt de la matiere, & cependant nous regardons cét aſſemblage de tant de corps, comme fi ce n'en eſtoit qu'vn, parceque fes parties concourant toutes à mefme fin, font rangées entr'elles d'vne maniere fi conuenable à cette fin, que l'on ne les fçauroit diuifer fans rompre toute l'œconomie, qui les y rend propres. Par la même raifon les Iurifconfultes appellent *corps* dans
le

le droict tout ce qui ne se peut diuiser sans estre destruit, comme vn cheual, vn esclaue : & ils appellent *quantité* tout ce qui n'est qu'vn amas de choses qui subsistent sans dépendance les vnes des autres, comme le bled, le vin, l'huile, &c. Enfin, dans toutes les rencontres où l'on voit de la matiere, dont l'arrangement doit necessairement produire vn certain effet, qui seroit destruit si cét arrangement l'estoit par la diuision des parties de cette matiere, on luy donne le nom de *corps*, parce qu'on la regarde comme indiuisible ; au lieu que quand on voit la matiere simplement entassée, liquide, ou en masse, & qu'elle se peut diuiser en plusieurs portions semblables les vnes aux autres, sans destruire aucun effet resultant de leur arrangement, on luy laisse le nom de *matiere* : Tant il est vray, que naturellement l'idée que chacun a du corps, luy represente vne chose indiuisible, & que l'idée de la matiere represente vne chose

B

sujette à estre diuisée. Ainsi nous auons des preuues, & par les lumieres naturelles, & par les consequences, que les corps ne sont pas diuisibles. Par les lumieres naturelles; puisque chaque corps est vne mesme substance, il faut qu'il soit indiuisible : & il ne faut point dire que l'on en peut conceuoir le haut, sans en conceuoir le bas; car encores que vous puissiez penser à vne de ses extremitez, sans penser aux autres, vous ne sçauriez conceuoir qu'elle n'en ait qu'vne, dés que vous la conceuez estenduë ; & bien loin de conclure qu'vn corps soit diuisible, parce qu'il a differentes extremitez, vous conclurez que toutes ses extremitez differentes sont inseparables, parce qu'elles sont les extremitez d'vne mesme estenduë, & pour tout dire, d'vne mesme substance.

Quant aux consequences, j'ay fait voir que si chaque corps est diuisible, il est impossible de conceuoir vn corps en repos entre d'autres corps, & moins encor de conceuoir son mouuement, c'est à dire qu'il est impossible de conceuoir rien en la nature ; au lieu que l'on rend raison de tout, si l'on pose chaque corps comme vne substance indiuisible : car outre que l'on satisfait à l'idée naturelle que l'on a de chaque substance ; par ce moyen on explique parfaitement le mouuement & le repos de chaque corps : Cependant il est euident que si l'vne de ces opinions n'est vraye, l'autre l'est necessairement. Car enfin, il faut que chaque corps soit diuisible, ou qu'il ne le soit pas : s'il est diuisible, la nature ne peut subsister comme elle est, & i'ay montré que l'on ne peut expliquer ny le mouuement, ny le repos : au lieu que s'il ne l'est pas, on explique tres-commodement ce que l'on aperçoit du repos & du mouuement. Ie ne pense pas qu'il puisse se trouuer vne preuue plus conuaincante d'aucune verité.

6. Le plus ou le moins de corps,

dont les tas, les liqueurs & les masses sont composez, s'appelle *leur quantité* : & leur grandeur ou leur petitesse vient du plus grand ou du moindre nombre de corps qui s'y rencontrent.

Ainsi chaque corps n'est point vne quantité, quoy qu'il soit vne partie de la quantité, comme l'vnité n'est pas vn nombre, quoy qu'elle face partie du nombre : Tellement que la quantité, & l'estenduë sont deux choses, dont l'vne conuient proprement au corps, & l'autre conuient proprement à la matiere.

7. Les corps qui composent les tas, les liqueurs & les masses, ne sont pas par tout si prés les vns des autres, qu'ils ne laissent quelques interualles en diuers endroits.

Lors qu'on les apperçoit, on les appelle *Trous*. Et quand on ne les aperçoit pas, on les appelle *Pores*.

8. Il n'est pas necessaire que ces interuales soient remplis, & l'on peut conceuoir qu'il n'y ait aucun corps entre des corps, qui ne se touchent pas.

De dire qu'on ne peut conceuoir ces interualles sans estenduë, & que par consequent il y a des corps qui les remplissent, cela n'est point veritable, & bien que l'on puisse dire qu'entre deux corps, qui ne se touchent pas, on pourroit mettre d'autres corps de la longueur de tant de pieds, on ne doit pas conclure qu'il y en ait pour cela ; on doit seulement dire qu'ils sont situez de sorte que l'on pourroit placer entr'eux des corps, qui joints ensemble composeroient vne estenduë de tant de pieds ; ainsi l'on conçoit seulement qu'on y pourroit placer des corps, mais on ne conçoit pas pour cela qu'ils y soient. Et comme nous pourrions auoir l'idée de plusieurs corps, encore qu'il n'y en eût aucun ; nous pouuons aussi conceuoir que l'on en pourroit mettre quelques-vns entre des corps, entre lesquels il n'y en a point encores. Quelques-vns souſtiennent que ſi tous les corps qui rempliſſent vn vaſe, eſtoient deſtruits, les bords du vaſe ſeroient reünis : j'aduouë que je n'entends pas ce raiſonnement, & je ne puis conceuoir ce que fait vn corps à la ſubſiſtance de l'autre. Il pourroit bien eſtre que les corps qui entourent le vaſe, pouſſans ſes bords, le briſaſſent, s'ils n'eſtoient ſouſtenus au dedans par d'autres corps ; mais de dire que dés que l'on auroit oſté tous les corps du dedans, les bords ſe deuſſent raprocher, ſans que rien ne pouſſaſt ces meſmes bords, & de faire vn argument contre le vuide par cette ſuppoſition, j'aduouë, ſi c'eſt vn bon argument, que je n'en connois pas la force, & je crois voir tres-clairement que deux corps pourroient ſubſiſter ſi loin l'vn de l'autre, que l'on en pourroit mettre entre-eux vn tres-grand nombre, ou n'y en mettre aucun, sans que cela les raprochast n'y reculast.

9. Comme les figures des corps sont fort diuerses, leur rencontre fait que les portions perceptibles ou imperceptibles qu'ils composent, peuuent estre de tres-differentes figures.

10. Mais comme entre les corps plusieurs sont de mesme figure, il y a aussi bien des portions, qui sont de figures semblables.

11. Mesme plusieurs corps de differentes figures meslez en nombre égal & de mesme façon, peuuent faire de differentes portions toutes de mesme figure, & ayant les mesmes proprietez ; & ce qui resulte de l'assemblage de ces portions est ce qu'on appelle vne telle matiere, ou, si vous voulez, *matiere seconde*.

Tellement que la matiere premiere peut estre bien definie (suiuant ce qui a esté dit) vn assemblage de corps, & l'on voit que chaque corps est vne partie de cette matiere premiere.

De mesme la matiere seconde seroit bien definie vn assemblage de plusieurs portions de mesme nature, & chacune de ces portions est vne veritable partie de cette matiere seconde.

Et parce que chaque portion d'vne certaine nature peut estre jointe à quelque portion d'vne autre nature, dont il resultera vne troisiéme sorte de portions, l'on voit que plusieurs de ces dernieres portions composeroient vne matiere que l'on pourroit appeller matiere troisiéme; & ces portions mixtes seroient les veritables parties de cette matiere troisiéme, qui seroit mixte des deux autres.

De la mesme façon les choses peuuent

uent aller d'vne troisiéme à vne quatriéme nature, & pour garder vn ordre, qui rende ces changemens intelligibles, les portions en quoy se resoult d'abord chaque matiere, doiuent estre appellées les parties de cette matiere,

Il faut remarquer qu'autant qu'on a pû connoistre ces differents estats, on leur a donné des noms, & cela a esté fort à propos : mais il a esté fort mal à propos de feindre qu'à chaque mutation il arriue vn nouuel estre que l'on appelle *qualité* ou *forme*; ce n'est pas que ces mots ne soient propres à exprimer le different arangement des parties de la matiere, mais ils ne peuuent raisonnablement signifier autre chose.

12. Il n'y a que les effets qui nous puissent faire juger des differentes figures que peuuent auoir les differentes parties de chaque matiere.

C

Ainsi quand on propose vne masse ou quelque liqueur dont les parties ne se peuuent discerner, on doit examiner quels en sont les effets, ensuitte l'on doit considerer quelles figures sont les plus propres à produire de tels effets; & l'on doit croire que l'on a bien supposé la figure des parties, qui composent vne masse, ou vne liqueur, quand on en assigne vne, qui peut rendre raison de tous leurs effets.

DV MOVVEMENT ET DV REPOS des Corps.

Et qu'il n'arriue aucun changement en la matiere que l'on ne puisse expliquer par le Mouuement local.

II. DISCOVRS.

TOVT le monde demeure d'accord qu'il n'y a rien de si contraire au mouuement que le repos.

Or il est certain que quand on dit qu'vn corps est en repos, on n'entend autre chose, sinon que ce corps est toûjours en mesme situation.

Ainsi, suiuant la regle des contraires, quand on parle du mouuement d'vn corps, on ne doibt entendre autre chose, sinon que ce corps est transporté de sorte, qu'il ne demeure pas vn seul moment en vne mesme situation.

On pourroit demander ce qui est cause de ce transport : mais ce seroit sortir de la question dont le but n'est pas d'expliquer les causes du mouuement des corps, mais seulement d'en connoistre la nature, c'est à dire, de trouuer vne definition qui puisse conuenir à toutes les manieres de mouuoir, que nous connoissons dans les corps.

Ie pense que l'on accordera ayfément celle que j'ay aportée du Repos, & consequemment celle du mouuement, puis qu'elle est tirée suiuant vne regle toûjours infaillible.

Reste donc de faire voir que cette

definition conuient à tous les mouuemens qui nous sont connus.

Quelques personnes en aduoüant qu'elle est tres propre à expliquer ce changement auquel on donne le nom de mouuement local, disent qu'elle ne peut conuenir qu'à celuy-là, & qu'elle ne peut s'apliquer à ces changemens de la *quantité* qu'on appelle *accroissement* ou *decroissement* ; à ceux de la *qualité*, qu'on appelle *alterations* ; & à ceux de la *forme*, qu'on appelle *generation*, ou *corruption*. Mais si je monstre que tous ces changemens n'arriuent que par le mouuement auquel on aduouë que ma definition conuient ; il s'ensuiura qu'elle conuient à tous les mouuements qui nous sont connus.

Quant aux changements de la *quantité* ; si vne masse augmente, n'est-ce pas que de nouueaux corps se joignent à ceux qui composent déja la quantité de cette masse ? Si el-

QVAN-
TITE'.

C iij

le diminuë, n'eſt-ce pas que quelques-vns de ces corps en ſont ſeparez ? Et peuuent-ils eſtre adjoutez ou ſeparez ſans ce mouuement local que noſtre definition explique ſi bien ?

Qu'vn morceau de terre qui eſtoit déja proche d'vne pierre, ſoit tellement remué par la chaleur du Soleil, ou par d'autres cauſes, que ce qu'il aura de plus humide, en exhale, & que ce qu'il y aura de parties plus ſolides, s'embaraſſent de ſorte par leurs figures irregulieres, & ſe ſerrent tellement les vnes contre les autres, qu'enfin il paroiſſe dans vn eſtat tout à fait ſemblable au reſte de cette pierre. Il eſt certain que cette exhalaiſon de quelques parties, & ce raprochement de quelques autres, n'eſt qu'vn mouuement local ; & qu'ainſi, cette augmentation de quantité, qui s'appelle communement *Iuxtapoſition*, peut eſtre expliquée par noſtre definition.

Pour cette autre augmentation, qui se fait par *Intussusception*; elle ne differe en rien de l'autre, sinon qu'en la premiere, les parties qui s'accumulent, sont jointes par les extremitez aux parties de la masse qui accroist : Et dans la seconde espece, ces parties qui arriuent de nouueau, glissent entre les moindres espaces que font entre elles les parties de cette masse, iusques à ce qu'elles ayent trouué des endroits vn peu plus estroits, qu'il ne faudroit pour les admettre. De sorte que faisant effort pour y passer, elles sont souuent dans vn mouuement assez puissant pour s'y faire entrée : Mais souuent aussi, ce mouuement n'étant pas assez fort pour les faire passer outre, elles y demeurent engagées, & croissent ainsi la masse.

Comme il arriueroit à vne fleche qui seroit lancée dans vn faisseau fait de plusieurs autres. On sçait que quelque estroicte que fût leur vnion, il y auroit toûjours des espaces entr'elles, où cette fleche s'introduiroit : & qu'encore qu'elle euſt aſſez de force pour les eſcarter vn peu les vnes des autres, elle pourroit auſſi aprés auoir perdu tout ſon mouuement par cét effort, demeurer engagée entre les autres, & croiſtre ainſi le faiſſeau, qui pourroit augmenter d'autãt de fleches qu'on en pourroit tirer entre celles qui le compoſent.

Il en arriue de même aux Plantes, qui ne prennent de nourriture, que parce que la chaleur du Soleil faiſant mouuoir dans les entrailles de la terre differens ſucs (c'eſt à dire differentes petites particules, dont les figures ſont diuerſes) il les cleue enfin, & les fait couler par vne infinité de petits conduits, dans leſquels ces particules venant à rencontrer quelques grains de ſemences dont les pores ſont aprochans de leur figure, elles s'y donnent entrée, parce qu'il leur eſt plus commode de continuer ainſi leur mouuement en ligne droite, & ayant conſommé vne partie de leur impetuosité, à s'en faire l'ouuerture, elles y demeurent engagées pour en augmenter la substance.

Que si elles conseruent assés de mouuement pour passer outre, elles ne seruent de rien à la nourriture : D'où vient que trop de chaleur donnant trop de mouuement à ces particules, fait seicher les semences dans le sein d'vne terre qui les feroit germer, si elle estoit moins échauffée. Et mesme vn trop grand mouuement peut estre cause, que des particules plus grosses que celles qui doiuent seruir d'aliment à certaine plante, s'y frayent des passages, qui ruinant la figure, & l'arangement des pores de cette plante, la mettent en estat de ne pouuoir plus retenir celles qui luy seroient propres. Comme au contraire, le deffaut de mouuement peut faire qu'aucun suc ne puisse auoir assés de force pour s'introduire dans les semences qu'il pourroit augmenter, & qu'ainsi, elles deuiennent inutiles.

De là encore on peut conjecturer, que tous les petits sucs n'ayans pas des figures semblables, tous ne sont pas propres à s'insinuer dans toutes sortes de semences; mais que chacun aprés auoir heurté vainement contre celles où il ne peut entrer, peut enfin estre emporté en des endroits où il rencontre des semences dont les pores soient assez ajustez à sa figure, pour l'arrester. De sorte que la mesme terre en peut contenir à la fois, & le mesme soleil en peut emouuoir en mesme temps assez de differens, pour nourrir vne plante dont le jus sera mortel tout proche d'vne plante qui pourra seruir d'antidote à ce poison : Estant certain que jamais l'vne ne receura ce qui sera propre à la nourriture de l'autre, par la mesme raison, que deux cribles diuersement percez, n'admettront jamais que les grains qui seront proportionnez à la figure de leurs trous.

QVA-
LITE' Quant aux changemens de *quali-*

té, qu'on appelle *alterations*, il est facile de faire voir qu'ils arriuent tous par ce mouuement, auquel nôtre definition se raporte.

Pour cela, il faut d'abord examiner ce qu'on entend par le mot *d'alteration.*

On entend, sans doute par ce mot, tous les changemens qui peuuent arriuer en vn corps composé de plusieurs parties, sans augementer ou diminuer sa masse, & sans destruire cette constitution de parties en laquelle on fait consister sa nature particuliere ; c'est à dire, ce qui le rend diferend des autres corps.

Ie dis sans augmenter, ny diminuer sa masse, parce que cette sorte de changement est de quantité, comme nous l'auons déja remarqué.

I'ajoute que l'alteration ne doit point destruire dans le corps, auquel elle arriue, cette constitution particuliere de parties, qui fait toute sa nature, & le rend different des autres corps ; parce que ce grand & dernier changement, regarde la forme dont nous deuons parler dans l'article suiuant.

Cela posé, ie dis que l'alteration ne peut arriuer sans mouuement local : car vn corps composé de plusieurs parties, n'estant ce qu'il est, que par la construction de ses parties, il ne peut receuoir de changement, que par ses parties.

Or il est constant que si les moindres de ses parties demeurent toûjours en mesme situation, sans s'éloigner, sans s'approcher, sans passer les vnes dans les autres, & sans en admettre d'autres entr'elles ; il est constant, dis-je, qu'il n'arriuera point de changement, & que tant que ce repos de toutes les parties d'vn corps durera, on pourra assurer qu'il est toûiours de mesme, c'est à dire qu'il n'est point alteré.

Donc, *à contrario*, si l'on y apperçoit du changement, il faut conclure qu'il est arriué par ce que les parties se sont, ou serrées ou écartées, ou que les vnes ont passé dans les autres, ou qu'elles en ont admis d'autres entr'elles; ce qui ne se peut faire, que par le mouuement local, & consequemment c'est par luy que les alterations ou changemens de qualité arriuent.

Si nous descendons aux choses particulieres nous verrons, par exemple, que le pain, sans cesser d'estre pain, peut auoir indifferemment, ou la qualité de tendre ou la qualité de rassis : mais qu'il ne peut estre ny tendre, ny rassis, que par vn mouuement, & vne situation differente de ses parties.

En effet, il n'est tendre, que par ce que ses parties, estant encores imbibées des parcelles de l'eau, dont il est composé, sont plus pliantes & resistent moins au toucher : d'ailleurs elles ont vn reste de mouuement, qui les tenant plus separées les vnes des autres; font que l'on peut facilement y introduire les dents, & qu'elles maltraitent moins le palais, & les autres parties de nostre bouche.

De mesme il ne deuient sec apres quelques iours, que par ce que les parcelles de l'eau excitées, ou par leur mouuement propre, ou par celuy de l'air, s'éuaporent de sorte que les parties plus grossieres de la paste, qui demeurent auec vn mouuement beaucoup moindre, se serrent dauantage les vnes contre les autres, & laissent le pain en tel estat, qu'à peine y peut-on introduire le coûteau. Cependant il est toûjours appellé pain, parce que ses parties gardent encore assez de cét arangement dans lequel on fait consister sa nature.

Ainsi l'on void que ce n'est pas mal definir l'alteration, que de dire que c'eſt vn changement tel, que le corps, auquel il arriue, peut affecter quelques-vns de nos ſens, autrement qu'il ne les affectoit auparauant ; non toutesfois de telle ſorte, que nous n'y reconnoiſſions plus rien de tout ce qui nous paroiſſoit en luy ; car en ce cas (& nous le verrons par la ſuitte) nous dirions qu'il y auroit corruption de ſa forme, & generation d'vne autre. Mais ce que nous deuons conſiderer icy, eſt, que *l'alteration*, que nous auons expliquée dans le pain, n'a eu pour cauſe que l'euaporation de certaines parties, & le raprochement de quelques autres, ce qui eſt vn mouuement ſuiuant noſtre definition.

Reſtent les changemens de *forme* qu'on appelle *generation* ou *corruption*. FORME.

On dit qu'il y a corruption, & enſuitte generation dans vne certaine portion de la matiere, lors que l'on n'y reconnoift plus rien de fon premier arangement: & nos fens font tellement les Maiftres de nos creances, que quand il ne nous paroift plus rien en vne chofe, de ce qui nous y paroiffoit auparauant, non feulement nous commençons à luy donner vn nom, qui puiffe répondre à la nouuelle idée que nous en auons; mais nous penchons à croire, qu'elle n'eft plus la mefme, & fouuent nous difons que c'en eft vne autre.

Sans doute que nous parlerions plus proprement, fi nous difions fimplement qu'elle eft toute autre, c'eft à dire qu'elle eft tout à fait alterée: Mais quoy? on eft accoûtumé de faire deux ordres, ou efpeces de changemens, quoy qu'il n'y ait de difference entre-eux, que du plus au moins. On veut quand vne chofe n'eft pas changée iufques à eftre méconnuë, qu'elle foit feulement alterée: Mais quand fon chan-

changement est tel, qu'il n'y paroist plus rien de tout ce qu'elle auoit : on assure que ce n'est plus la mesme.

Cependant si l'on consulte la raison plûtost que les sens, on trouuera que cette chose est toûjours le mesme corps, lequel a toûjours autant de parties, & ne peut auoir esté changé, que parce que ses moindres parties sont disposées tout autrement, qu'elles n'estoient; si bien qu'elles n'ont plus rien, qui approche de leur premiere conformation.

Et pour montrer que le mouuement, que nous auons defini, est la cause de ce dernier effet, aussi bien que des autres ; il ne faut qu'examiner vn de ces extremes changemens que l'on appelle changemens de forme.

Vn tas de bled nous paroît diuisé en plusieurs petites portions, les

D

parties de chaque grain sont pressées d'vne maniere, qui les fait presque ronds, & vne escorce assez delicate pour ne les point fouler, mais assez forte pour les conseruer, repousse vers nos yeux la lumiere d'vne façon qui nous les fait paroistre d'vn gris jaunâtre, & marqué de blanc en quelques endroits.

Que si vous l'exposez à la meule, vous verrez que les grains qui sont au dessus, s'embarrassans dans les creux, que l'on fait exprés en cette pierre, sont contraints de suiure ses mouuemens: Et comme la premiere couche de ces grains a plusieurs pointes engagées dans les entre-deux, que font entr'eux les grains de la seconde : Cette seconde est en mesme temps obligée de suiure, emportant par mesme raison la troi-siéme, & celle-là, celle qui se trou-ue au dessous, tant qu'enfin toute la masse tourne ; de sorte que le poids de la machine joint à l'effet des mouuemens, froisse les grains, brise leur escorce, & fait que chacune des particules qu'elle enfermoit, se debarassant de celles, dont elles estoient enuironnées pour se mesler auec d'autres, toutes commencent à composer vn certain tout, d'vne couleur si differente, & d'vne constitution si diuerse de la premiere, que n'y reconnoissant plus aucune des apparences du bled, nous commençons à l'appeller farine.

Iusques icy, il me semble qu'il n'y a rien, qu'on ne puisse assez facilement expliquer par le mouuement que j'ay defîny.

Si pour en faire du pain on separe les petits éclats de l'ecorce, qui font le son, d'auec les particules, qui font la plus belle farine ; on voit que cela se fait par les loix du mesme mouuement.

Si l'on vient à mesler ces parties de la plus delicate farine auec des parties de l'eau, de sorte que les vnes

D ij

s'embarassant dans les autres, elles commencent à deuenir plus liées entr'elles ? je croy que personne n'en cherchera la cause, que dans le mesme mouuement.

Que si l'on expose cette masse paistrie, à la chaleur d'vn feu renfermé dans quelque lieu capable d'en reünir toute l'actiuité; elle se leuera d'abord, & la plufpart des parcelles de l'eau s'éuaporeront, les partis du dedans estant excitées, s'éloigneront les vnes des autres : Celles de la superficie estant rasées par l'air & par les autres petits corpuscules enuironnants seront plus polies, plus serrées, plus seches & plus colorées, que le reste de cette masse : Enfin, si aprés le temps necessaire vous la retirez de ce lieu, vous la verrez en cét estat, que vous appellez pain. N'est-ce pas toûjours la mesme masse, qui a souffert tous ces differens changemens ? & ne luy sont-ils pas tous arriuez par le mouuement que nous auons definy ? Cependant on dit qu'il a changé de forme, qu'il y a eu corruption de celle de bled, & generation de celle de pain.

Ie ne puis trouuer estrange qu'on appelle mutation de forme cét extréme changement, qui fait qu'on ne reconnoît plus rien de ce qui paroissoit en vne masse, pour le distinguer de ces moindres changemens, qu'on appelle simples alterations de qualitez; mais je ne puis conceuoir ce qui fait imaginer à plusieurs, qu'vne forme perisse, & qu'vne autre s'engendre, n'y moins encore qu'il faille passer par la priuation, pour aller de l'vne à l'autre. Ce milieu m'a toûjours semblé aussi chimerique, que les deux extremitez dont on veut qu'il soit le lien : & il me semble que pouuant rendre raison des plus grands changemens, qui arriuent en la matiere par l'arangement, par les figures, & par le mouuement que l'on y reconnoît, il ne faut point former de nouueaux estres que l'on n'y connoît point.

Ie sçay bien que plusieurs, qui n'ont point coutume d'alleguer les formes, tant qu'ils s'en peuuent passer, ne vont point chercher d'autres causes des changemens d'vn corps, que le mouuement de ses parties, & la diuersité de leurs figures, tandis qu'ils peuuent aperceuoir ce mouuement & ces figures : Mais toutes les fois que les parties, dont le mouuement ou la figure causent quelque changement, sont trop petites pour estre aperceuës, c'est alors qu'ils reclament la forme, & à fin de sauuer l'honneur des formes, qu'ils ont inuentées, & de leur donner toute la gloire des generations, ils disent que tout changement, qui arriue par la figure, ou par le mouuement, n'est point vne generation.

Mais il est facile au contraire, de montrer qu'on peut rendre raison de tout ce qu'on appelle generation par le mouuement & la figure des petites parties, soit qu'on les puisse apperceuoir, ou qu'elles soient imperceptibles.

Premierement, il est certain que les corps, pour echapper à nos sens, n'en sont pas moins des corps, ils n'en ont pas moins leurs figures particulieres, & ils n'en sont pas moins susceptibles de mouuement : Cela estant, si nous rendons raison des changemens qui arriuent dans la matiere par la figure & le mouuement de certaines parties, lors que nous apperceuons ces parties ; il s'ensuit (puisque nous sommes conuaincus que les plus imperceptibles ont de toutes ces choses) que nous deuons croire qu'elles agissent comme les plus grosses, & mesme qu'elles causent de plus grands changemens ; puis que plus toutes les parties d'vne portion de matiere sont petites, plus aussi est-elle susceptible des changemens qui peuuent estre causez par les figures & par les mouuemens.

La nature n'a point fait de loix pour les parties, que nous voyons, aufquelles celles que nous ne voyons pas, ne foient affujetties, & ces reigles que la mecanique fçait eftre fi certaines pour les vnes, font infaillibles pour les autres.

Et de fait, fi voyant les boüillons d'vne eau emuë par la chaleur du feu, & ces tourbillons de fumée, qui en exhalent, quelqu'vn fe perfuade que quand la vague de l'air les aura affez diffipez pour faire que chaque particule ne foit plus apperceuë, elles n'auront plus de figure, ny de mouuement, ne fera-t'il pas trompé dans fa conjecture ?

Ou bien fi croyant (comme il le faut croire) qu'elles gardent encores leur figure, & leur mouuement. ils penfent que ces figures, & ces mouuemens ne fuiuent plus la loy des autres ; ne s'abufera-il pas dans fon raifonnement ?

Mais

Mais ne sera-il pas conuaincu de son erreur, quand il verra que, le froid d'vne plus haute region venant à calmer le mouuement de ces petites particules, & à les reserrer, elles retomberont en eau comme auparauant ? S'il estoit vray qu'elles ne suiuissent plus la loy des autres corps, qui les y auroit pû soûmettre vne seconde fois ? Et si elles eussent eschappé vn seul moment à cette puissance, qui eust pû les remettre sous le ioug ?

Ainsi on void qu'il est plus raisonnable de conclurre, que tant qu'vne chose est corps, pour petite qu'elle soit, elle agit comme les autres corps : Et si nous trouuons dans la figure & le mouuement, la raison de tout ce qui arriue dans ceux, que la grosseur de leurs parties soûmet à nos sens ; nous deuons asseurer que c'est cela mesme, qui cause le changement de ceux dont les parties sont trop deliées pour estre apperceuës.

E

Mais à fin que l'exemple d'vn de ces mouuemens, où l'on dit qu'il y a generation de nouuelle forme, nous serue de second moyen ; Voyons si cette masse qui a passé de bled en pain par des mouuemens si bien expliquez en nostre definition, pourra passer en la substance d'vn homme, & prendre (pour parler auec l'Escole) la forme de chair, par les mesmes mouuemens, qui ont rendu raison de tout le reste.

Desja celuy qui en coupe vn morceau, doit demeurer d'accord qu'il ne le separe du reste, que par vn de ces mouuemens.

Si le mettant dans la bouche, il le rompt en parcelles plus deliées, à fin qu'elles puissent passer dans l'œsophage, & si quelque saliue s'y meslant sert à mieux faire cette premiere diuision ; on void que tout cela n'arriue que par le mouuement.

Si estant passé dans l'estomach, & trouuant certaine liqueur, dont les , moindres parties coupantes comme celles de l'eau forte, sont excitées par la chaleur des entrailles, il est encore plus diuisé qu'auparauant, & reduit à peu prés au mesme estat que les lambeaux de tant de diuerses couleurs assemblez sous les martelles d'vn moulin à papier, lesquels pour estre seulement imbibez d'vne eau qui y court sans cesse, se diuisent en tant de parcelles, qu'elles composent vne liqueur blanchastre comme la colle; Cela arriue-t'il par d'autres causes que par le mouuement ?

Si lors que cette liqueur est descenduë de ce viscere dans ceux qui entourent le mesentere, le pressement continuel du bas ventre, vient à en exprimer les plus delicates parties à trauers les pores qui respondent aux petits conduits, qu'on nomme les veines de laict, & à repousser les plus terrestres parties

E ij

parties de cette mesme liqueur dans les gros intestins, pour en décharger le corps comme d'vn faix inutile; ne doit-on pas encore attribuer cét effect au mesme mouuement ?

Que si de là, le plus delicat & le plus precieux de cette liqueur passant dans les conduits, que les yeux n'ont pû suiure par tout, & dont la seule adresse de Monsieur Pequet a sceu démesler les destours, il deuient plus excité qu'auparauant, soit qu'vne portion de bile s'y méle pour luy donner plus d'action, soit que forçant des passages trop étroits, ses parties acquierent plus d'émotion; & à cause de cela commencent à repousser autrement qu'elles ne faisoient la lumiere contre nos yeux ; on verra que tout cela se fait par le mouuement.

Que s'il se méle auec le sang qui coule desja dans les veines, & que suiuant son cours dans les vaisseaux, que la nature a meçaniquement dispoſez à cét vſage, il va iuſques au cœur, où il acquiere encore plus de chaleur & d'action pour paſſer enfin dans les arteres ; Cela ſans doute eſt encore vn effect du mouuement & de la diſpoſition de toutes ſes parties.

Que s'il eſt pouſſé dans les arteres auec vn effort, qui les faſſe enfler iuſques aux extremitez, en ſorte que leurs peaux s'eſtendant, & que leurs pores s'ouurant, il puiſſe eſchapper des particules de ce ſang par ces pores, qui ſoient ajuſtez à leurs figures ; Cela n'arriue-t'il pas par le mouuement ?

Que ſi ces particules, qui s'échappent, eſtant de differentes figures, & moins ſolides les vnes que les autres, ſelon les diuerſes preparations qu'elles ont receu, & les differens endroits où elles ont paſſé, elles vont, ou plus loing, ou plus prés ſe méler entre les filets droits ou courbez, qui compoſent desja les chairs, en sorte qu'elles y fassent croistre la masse des parties, qui leur sont semblables ; tout cela ne se fait-t'il pas par le mouuement ? Et cette assimilation, dont la raison peine tant ceux, qui la vont chercher où elle n'est pas ; est-elle si difficile à conceuoir par ce biais ?

Par cette suite, on a pû, ce me semble, apperceuoir, que la mesme masse, qu'on disoit auoir dans vn certain arrangement la forme de pain, a passé, lors que ses mesmes parties ont esté plus diuisées, & autrement ajustées les vnes aux autres, en vne liqueur à qui, dans ce nouuel arangement, on a assigné vne forme. Enfin on a pû obseruer que cette mesme liqueur, dont toutes les gouttes paroissoient vniformes quand ses particules estoient bien mélées, n'estoit pourtant pas composée de parties toutes semblables, puisque la diuersité de leur figure & de leur grosseur, leur a donné moyen de passer par des endroits si differens, & de former en l'vn de la chair, en l'autre de la graisse, en vn autre des cheueux, & en vn autre vne autre chose; En sorte qu'aucune de toutes ces parcelles n'est perie: mais a tellement changé sa figure, sa situation & son mouuement; qu'à voir ce qu'elle est en l'homme, on a peine à croire ce qu'elle fut dans le pain. Et cela arriue, parce qu'ordinairement on ne suit pas assez exactement dans son progrés la cause du changement de chaque particule, & ne considerant pas que c'est par le mouuement qu'elle passe peu à peu d'vn estat en l'autre; on vient tout à coup à considerer celuy où elle a esté autrefois, & celuy ou l'on la void pour lors comme deux choses si étrangement differentes; qu'on s'imagine que ce changement doit auoir vne cause toute autre que le mouuement, & pour l'assigner, on dit qu'il y a nouuelle forme.

Au reste, il seroit facile, en suiuant toûjours ces petites particules, que i'ay laiſſées en differens endroits de nos membres, d'expliquer pourquoy leurs mouuemens, eſtant trop grands, elles ſortent du corps ſans s'y arreſter, de maniere qu'il en deuient preſque ſec. Ie pourrois auſſi expliquer quelle eſt la figure des parties qui font la graiſſe; comment faute d'vn aſſez grand mouuement, ou pour eſtre trop abondantes, elles s'embaraſſent; comment puis apres elles s'épuiſent; Et enfin quel eſt le cours different des particules que les arteres pouſſent hors d'elles, ſuiuant la difference des âges, des lieux & des ſaiſons. Mais ie paſſerois les bornes que ie me ſuis preſcrites, & il me ſuffit d'auoir tenté d'expliquer tous les mouuemens, qui nous ſont connus, par vne ſeule definition, ou (ce qui eſt la meſme choſe) de montrer que tous les mouuements ſont d'vne meſme eſpece, & que c'eſt pluſtoſt la diuerſité de leurs degrez, ou de leurs effects ſenſibles, que la difference de leur nature qu'on a voulu marquer quand on leur a donné, tantoſt le nom de mouuement local, ou changement de lieu, & tantoſt celuy de changement de quantité, de qualité, ou de forme.

Le meſme ſe doit dire du Repos; DV car tant qu'vne maſſe demeurera ap-REPOS pliquée aux meſmes parties des corps enuironanns, on appellera cét eſtat repos de lieu.

Que ſi les parties de cette maſſe eſtant vn peu en mouuement, on ne void point que pour cela elles ſe quittent, ny qu'elles admettent entr'elles aucune nouuelle partie, qui leur ſoit ſemblable ; on dira qu'elle n'augmente, ny ne diminuë, & cét eſtat s'appellera vn repos de quantité.

En ſuitte, tant qu'on verra que les parties de cette meſme maſſe, garderont toûjours aſſez d'vne certaine ſituation pour produire toûjours vn certain effect sur nos sens, quoy que d'ailleurs elles se meuuent, on nommera cét estat vn repos de qualité.

Et enfin, tant qu'il luy restera assez de cét arrangement de parties, auquel on fait consister sa nature particuliere ; on appellera cét estat le repos de forme.

Donc, si vne masse demeure en mesme estat; c'est que ses parties n'ont point changé leur situation : Et si cette masse change d'estat ; c'est parce que ses parties ne sont plus en mesme situation.

QVE LES MACHINES artificielles & les naturelles n'ont qu'vne mesme cause de leur mouuement. Et quelle est cette cause à ne considerer que les Corps.

III. DISCOVRS.

TOVT ce que nous admirons dans les ouurages de l'Art, ou de la Nature, est vn pur effet du mouuement & de l'arangement, qui, selon leurs diuersitez, font que les choses sont propres à differents vsages. Mais à fin que nous puissions connoistre cela par les exemples, ie pense n'en pouuoir choisir qui nous puissent mieux conuaincre, que la Montre, & le Corps de l'homme.

On est assez persuadé que l'arangement des parties d'vne Montre est la cause de tous ses effets: & soit qu'elle marque les heures; soit qu'elle les sonne; soit qu'elle designe les iours, les mois, & les années; ou qu'elle fasse des choses encore plus difficiles & plus rares; on ne cherche point de *forme*, de *facultez*, de *vertus occultes*, ny de *qualitez* en elle. On assure mesme, qu'elle n'est point animée, par ce que l'on peut rendre raison de tout ce qu'elle fait, par le mouuement & la figure de ses parties.

Ce n'est pas toutesfois qu'il y ait d'argument pour montrer qu'elle n'a point d'ame : & à peine pourroit-on conuaincre vn homme, qui pour prouuer qu'elle auroit vne faculté, vne ame, ou vne forme, diroit que si-tost que ses diuerses parties sont ajustées d'vne certaine façon, ce qui doit l'animer s'y introduit : par la regle *dispositionem habenti non denegatur for-*

ma. Qui eſt vne loy que certaines gens tiennent ſi infaillible ; que celuy qui s'eſtoit flatté de diſpoſer vne maſſe comme le corps d'vn homme, eſperoit que l'ame ne ne manqueroit pas à ſa machine; & il en eſtoit ſi perſuadé, que quand il ſe propoſoit de la faire, il ne diſoit pas qu'il feroit vn corps ſemblable au noſtre ; il diſoit tout franc qu'il feroit vn homme comme nous.

A vn tel Philoſophe, il feroit bien difficile de perſuader qu'vne Montre n'euſt point d'ame, s'il s'auiſoit de ſoûtenir qu'elle en euſt. Mais à des gens raiſonnables, & qui ſçauent qu'il ne faut pas multiplier les eſtres ſans neceſſité, il ſuffit, pour croire qu'elle n'en a point, de voir que tout ce qu'elle fait ſe peut expliquer par le corps.

Comme ie ſuppoſe que chacun ſçait quelle eſt la compoſition d'vne Montre, & que l'on en connoiſt toutes les pieces ; ie ne m'arreſteray point à expliquer comment vne roüe emporte l'autre ; ny comment chacune, selon qu'elle rencontre les diuerses pieces de la machine, leur donne les diuerses directions, qui la rendent propre à la fois à tant d'vsages differents. On sçait par quel artifice on a reglé tous les mouuemens, & ie ne m'amuseray pas à examiner comment la corde, qui sert à contraindre le ressort, sert à faire que toutes les pieces suiuent le mouuement de ce ressort : mais ie pense qu'il est vtile à nostre, dessein de nous arrester, pour considerer qu'elle est la cause d'vn tel ressort.

Toute l'Escole dit, que cela se fait par vne vertu *elastique*, c'est à dire, en langage vulgaire, qu'il y a quelque chose, qui a le pouuoir, ou la vertu de faire ce ressort : mais ce n'est pas expliquer cette chose.

Pour moy ie me suis imaginé

ET ARTIFICIELLES. 65

que comme tout ce qui se passe dans la Montre entre le ressort & l'éguille, se fait parce qu'vn corps en meut vn autre; il y auoit grande apparence que les parties du ressort (qui n'est qu'vne l'ame d'acier tournée autour d'vn arbre, ou piuot) estoient aussi poussées par quelque autre corps.

Et ie ne me pouuois payer de la pensée de ceux, qui disent, que s'il a eu besoin d'vn autre corps pour estre contraint, il n'a besoin que de luy-mesme pour se détendre. Car il est certain que cette force, qu'il faudroit qu'il eust de se remettre, ne peut estre qu'vn mouuement, que ie ne conçois pas qu'vn corps * puisse auoir de luy mesme : d'où il s'ensuit que, si vn corps doit perseuerer en cét estat où on le met, tant que rien ne suruient qui le change ; lors que cette lame d'acier, qui estoit droite, a esté courbée, elle a deu demeurer en ce dernier estat, & non pas retourner au premier : puisque, pour demeurer au dernier estat ; il ne falloit

*On en peut voir les raisons dans le 4e. discours

rien changer : Et pour retourner au premier ; il a fallu vn mouuement, dont ie ne conçois pas que la cause puisse estre en cette lame : au contraire, ie vois qu'auant que d'estre courbée elle estoit en repos ; ensuite ie vois que le mouuement qui l'a courbée, luy a esté donné par la rencontre & à l'occasion d'vn autre corps ; & que ce mouuement cessant d'estre en elle, il faut, ou qu'elle demeure en l'estat où elle se trouue quand il cesse, c'est à dire, il faut qu'elle demeure en repos & pliée ; ou il faut que la rencontre de quelque autre corps, luy donnant occasion de se mouuoir de nouueau, la fasse retourner en sa premiere situation. Et encore que nos sens ne nous fassent pas apperceuoir le corps qui luy communique le mouuement par lequel elle se redresse, comme ils nous font apperceuoir le corps qui luy communique celuy par lequel elle est pliée ; Neantmoins la raison de tous les deux estant également éuidente, nous ne deuons pas

rester

rester moins conuaincus de l'vn que de l'autre. Mais parce que nos sens ont souuent seruy à nous asseurer de la presence des corps, nous les implorons tousjours : Et quand leur secours nous manque ; à peine nous pouuons nous resoudre à croire ce que la nature mesme nous persuade.

Toutefois nous pouuons nous tirer de cette difficulté si nous Prenons garde à deux choses. La premiere est, qu'auant que les Microscopes eussent esté inuentez, nous n'auions pas le moyen de connoistre par les sens mille particularitez de la figure & des mouuemens de plusieurs petites parties de nos corps : & il est certain que si, parce que nous ne pouuions alors sentir ces petites parties, nous eussions voulu nier, ou seulement, si nous eussions eu peine à croire qu'il y en eust de telles, nous aurions manqué de raison.

La seconde est, que puis qu'vne fois nous auons esté conuaincus

F

qu'il y a des choses plus petites que celles que nous apperceuions, lors que nos yeux n'estoient point aidez par les lunettes; Nous pouuons conjecturer qu'il y en a encore de plus petites que celles que ce nouuel artifice nous a fait apperceuoir. Et en cela le raisonnement, qui doit s'étendre au delà du sentiment, nous doit secourir : & nous deuons considerer, que, s'il faut à vne portion de matiere vne certaine grosseur pour émouuoir les nerfs par l'entremise desquels nous sentons ; il ne faut que la moindre estenduë pour faire vn corps. D'ailleurs, s'il est vray que le moindre corps doit auoir figure & peut estre meu ; & s'il est vray enfin que les loix de la nature soient les mesmes à proportion pour les petites & pour les grandes masses, on peut raisonner de la figure & des mouuemens des corps que l'on ne void pas, par ce que l'on connoît des figures & des mouuemens des masses que l'on apperçoit.

Par exemple, comme on void que les doigts d'vn gant eſtans affaiſſez les vns ſur les autres ſe peuuent ſeparer & s'enfler quand on y met la main ou quelque autre corps viſible; de même on doit côjecturer, quand on les voit s'enfler, par quelque ſouffle; que cette enflure s'eſt faite par l'entrée de quantité de petits corps dont le nombre eſt ſi grand, qu'encores qu'aucun ne ſoit viſible, neantmoins tous enſemble renfermez dans le gant le font éleuer de ſorte, que tant qu'ils reſteront dedans, il demeurera auſſi tendu que ſi quelque main le rempliſſoit.

Si cela eſt vray d'vn gant dont on void les cauitez; cela peut eſtre uray de toute autre choſe dont on ne void point les pores. Ainſi encores que l'acier, qui fait le reſſort d'vne montre, ait les pores trop petits pour eſtre apperceus, quand les yeux ne ſont point aydez de microſcopes: Neantmoins nous ne deuons pas a-

F ij

uoir de peine à entendre, que, tout petits que sont les pores de la lame d'acier, ils donnent passage à vne matiere assez subtile pour s'y pouuoir insinuer lors que la lame est toute droite : car en ce cas trouuant chaque pore égal à l'entrée & à la sortie, rien n'arreste son cours en tout sens. Mais quand cette lame vient à estre courbée, cōme ses parties s'écartent du costé de la superficie conuexe & se rapprochent en la concaue ; il s'ensuit que les pores s'étressissent en l'vne & s'élargissent en l'autre : de sorte que la matiere subtile, qui y coule incessamment rencontrant le costé de chaque pore qui est le plus ouuert, s'y insinuë a-bondamment, & trouuant l'autre costé plus estroit, elle fait vn effort continuel pour écarter les parties ainsi r'approchées, & continuer son cours en ligne droite : ce qui ne se peut faire qu'en redressant cette lame, c'est à dire, en remettant toutes ses parties en leur premiere situation.

Et il est à remarquer que cela arriue tout d'vn coup, si la force qui a plié cette lame cesse tout d'vn coup : parce que comme chacun de ses pores est enfilé par vne ligne de cette matiere subtile ; toutes conspirant à la fois & forçant chaque endroit de la lame, la remettent en mesme instant en son premier estat : ce qui au contraire n'arriue que peu à peu, si la force qui retient la lame pliée, n'est qu'vn peu moindre que celle, auec laquelle les parties de la matiere subtile tendent à s'insinuer dans les pores de cette l'ame.

On me dira, peut-estre, que si cette matiere subtile est commode pour l'explication du ressort, elle n'est pas si facile à supposer, que l'on doiue en admetttre la supposition sans l'examiner.

A cela ie respons, en premier lieu, que comme celuy qui void enfler vn gant, doit raisonnablement supposer qu'il y entre de la matiere,

F iij

quand mesme elle est trop delicate pour estre apperceuë : de mesme, nous qui sçauons qu'il y a des pores dans la lame d'acier ; que sa courbeure ne consiste qu'en ce que ses pores s'eslargissent en l'vne des superficies, & se retressissent en l'autre ; que les parties de cette lame ne peuuent se remettre en leur premiere situation si chacun de ses pores n'est remis en son premier estat; & qu'enfin cela ne peut arriuer, si quelque matiere ne s'y insinuë ; nous deuons de necessité conclurre, qu'il y a vne matiere assez subtile pour cela. Ainsi la supposition est non seulement facile, mais elle est necessaire,

En second lieu, ie r espons, que l'on peut aisément reconnoistre, qu'il y a vne matiere, dont les parties sont tres-subtiles, & tousjours dans vn tres-grand mouuement qu'elles cõmuniquent (tout imperceptibles qu'elles sont) aux parties des masses ou des liqueurs sensibles.

Qui met la main dans de l'eau, reconnoiſt bien que les parties de cette eau ſont en mouuement, & que les vnes ne ſont point attachées aux autres : car autrement elles ne cederoient pas ſi facilement aux parties de la main. Et de faict, quand l'eau vient à ſe geler & que toutes ſes parties ſont en repos, il n'eſt plus permis d'y enfonſer la main, & ſi vous en retirez quelque bâton, elles ne ſe rapprochent point pour remplir l'endroit dont vous l'auez tiré. D'où peut donc venir que les parties de cette eau ont quelquefois du mouuement, & que d'autres fois elles n'en ont pas ? Il faut bien que ce ſoit, parce que d'autres corps agitent quelque fois ſes parties, & que d'autres fois ils ne les agitent pas, ainſi que l'on void qu'vne balle, ou toute autre maſſe viſible remuë quand elle eſt pouſſée, & ne remuë pas quand on ne la pouſſe point.

Au reſte, il ne faut pas penſer

que les parties de l'eau soient si estroitement jointes, qu'elles n'admettent rien entre-elles : car il paroît que ce qui fait la lumiere passe au trauers de l'eau, mesme quand elle est gelée : & les Sçauans ne ne doutent plus que ce qui excite en nous le sentiment de la lumiere, ne soit de la matiere. D'ailleurs cette rigidité des parties de l'eau glacée, marque bien que quand elles deuiennent plus pliantes, cela ne leur arriue, que par ce qu'elles ont à l'entour d'elles des petits corps bien plus émeus que ceux de la lumiere, & si subtils que non seulement ils peuuent couler entre les parties de l'eau, mais encores penetrer les pores de chacune & la redresser quand la rencontre de celles qui la pressent par les bouts l'ont obligée de se plier : ce qui arriue continuellement, tantost à l'vne, & tantost à l'autre. Enfin il est si vray que les parties de l'eau sont tantost plus, & tantost moins agitées selon la **matiere subtile qui les entoure,**
que

que souuent elles le font moins que les parties de nos mains, ce qui fait que nous les fentons froides; & souuent elles le font beaucoup dauantage, ce qui fait que nous les fentons chaudes.

On m'objectera, peut-estre, que comme ie ne veux pas que les parties du ressort d'vne Montre, où celles de l'eau, se meuuent, si elles ne sont agitées par celles d'vne matiere plus subtile ; ie dois admettre vne autre matiere encore plus subtile que celle-là pour la mouuoir, & que, suiuant mon principe, il faudroit chercher l'infiny.

Il est vray que les corps qui composent cette matiere subtile dont ie parle, ne doiuent pas comme corps auoir le mouuement d'eux-mesmes : & ie montre dans le Discours suiuant, où j'explique ce que c'est que le mouuement des corps, quelle en est la premiere cause, & comment il est conserué ;

G

mais il suffit pour leuer la difficulté presente, de faire deux obseruations.

La premiere, qu'il y a du mouuement, & que ce qu'il y en a, peut bien se communiquer d'vn corps à l'autre, mais non pas se perdre.

La seconde est, qu'il y a certaines portions de la matiere bien plus propres à le conseruer que les autres : qu'entre toutes, les plus petites & les moins rameuses sont les plus propres à cela : & que quand les corps simples ne sont point acrochez les vns aux autres, ils sont plus en estat de garder leur mouuement que toutes les portions composées, pour petites qu'elles soient. Car enfin puis qu'en general chaque portion de matiere & chaque corps garde son mouuement tant qu'il ne le communique point à d'autre ; les corps qui ne sont point accrochez, le doiuent mieux conseruer que les portions, & les plus petites portions, mieux que les plus grandes. Ioint à cela, que les corps peuuent passer dans de moindres interualles que les portions, ils sont moins sujets à s'embarasser qu'elles, & par la mesme raison, les moindres portions y sont moins sujettes que de plus grandes, pourueu que la figure ne change rien à l'effet de leur grosseur.

D'où il suit que ce qui est plus petit, peut mieux conseruer le mouuement, & que la matiere la plus subtile sera la plus propre à cela. Et ce qu'il y a de remarquable, est que plusieurs corps ou plusieurs petites portions qui sont en mouuement autour d'vne grosse masse, la touchant en diuers endroits, la peuuent quelquefois ébranler iusques dans le fonds & en diuiser toutes les parties : ainsi qu'il arriue aux parties d'vn pain-de-sucre, que celles de l'eau ou des au-

G ij

tres liqueurs diſſoudent ſi facile‑
ment.

Dautresfois auſſi quand les parties de la maſſe ſont bien jointes, les parties de la liqueur qui l'enuiron‑ nent, la rencontrant, peuuent tou‑ tes enſemble (quoy que chacune en eût rejally, ſi elle l'euſt heurté toute ſeule) auoir aſſez de force pour l'emporter, ou en piroüetant, ou en ligne droite, ſelon que leurs differentes directions ſe peuuent plus facilement accorder, c'eſt à dire, de la façon qui change le moins de l'eſtat de chacune.

Or tandis que les liqueurs ébran‑ lent ainſi les maſſes ; comme les parties de la liqueur ſont en vn mouuement beaucoup plus grand que celuy qu'elles donnent à la maſſe ; chacune fait diuers retours entre les autres, ou ſur elle-meſme, & puis celles qui ſe rencontrent d'vn coſté de la maſſe, ne pouuans pouſſer les autres qu'elles n'en soient repoussées, il y a toûjours occasion à chacune de receuoir du mouuement aussi bien que d'en donner.

Cela posé, il n'y a personne de bon sens, qui ne juge bien que si de l'eau est vne liqueur à l'égard d'vn brin de paille; l'air est vne liqueur à l'égard d'vne partie d'eau; & comme celles de l'eau peuuent faire tourner la paille ou l'entraîner sans cesser de se mouuoir, de mesme les parties de l'air entraînent souuent celles de l'eau & les enleuent, en les faisant tourner. De mesme aussi les parties de la matiere qui cause la lumiere, sont vne liqueur à l'esgard d'vne partie d'air qu'elles peuuent agiter en diuers sens. Et de mesme encore vne autre matiere plus subtile, pourra estre vne liqueur qui pourra esbranler chaque partie de celle qui cause la lumiere. Mais il ne faut pas croire pour cela que le progrez en soit infiny; pour deux rai-

G iij

sons. L'vne qu'à present il a suffi d'assigner vne liqueur dont les parties fussent plus subtiles que celles de la matiere qui cause la lumiere, pour rendre raison de tout. L'autre est que quand il faudroit en assigner beaucoup d'autres, on conçoit bien que cela ne seroit pas infiny, puisque la matiere n'est qu'vn assemblage de corps dont chacun estant indiuisible, comme ie l'ay montré dans le premier Discours, il suit qu'on ne sçauroit conceuoir de matiere ou de liqueur plus subtile que celle qui ne seroit composée que de corps detachez les vns des autres.

De toutes ces choses il resulte necessairement que les grandes masses sont moins susceptibles de mouuement, & que l'ayant receu, elles le gardent moins que les portions dont les liqueurs sont composées : & qu'entre les liqueurs celles, dont les portions sont le moins composées, sont les plus susceptibles du mouuement & les plus capables de le garder ; de sorte qu'il n'y a rien si propre à entretenir le mouuement dans toutes sortes de matieres, que la plus subtile liqueur, c'est à dire celle qui n'est composée que des corps simples qui coulent les vns entre les autres, sans s'attacher : & ainsi quand on ne veut point chercher au de-là des corps quelle est la premiere cause de leur mouuement, & que l'on veut seulement sçauoir quelle est la matiere qui excite toutes les autres, & qui entretient tout le mouuement de la nature, il faut assigner celle-là.

Ie pense maintenant que ce que i'ay dit pour expliquer les mouuemens de la Montre ne sera pas difficile à admettre ; nous auons bien entendu celuy de l'aiguille par celuy d'vne rouë, celuy de cette rouë par vne autre, & de toutes par la corde, tant qu'enfin, paruenus à cette lame d'acier pliée, nous auons reconnu que le mouuement qu'elle

G iiij

auoit en se redressant, deuant procceder de quelque corps, ne pouuoit prouenir que de quelques corps assez deliez pour trauerser ses pores, & assez émeus pour les élargir en celle de ses deux superficies où l'effort qu'on auoit fait pour la plier, les auoit contraints. Sur quoy il est bon de remarquer que ces petits corps tendent toûjours à continuer leur mouuement en ligne droite, & que la contraction de la lame en la superficie concaue interrompt cette ligne.

Il seroit inutile icy de montrer que tout mouuement tend à continuer en ligne droite : Car outre que chacun en sçait les raisons ; l'experience de tous les mouuemens des corps sensibles nous conuainc de cette verité : la pierre qui s'échape de la fonde que l'on tourne en rond, & les parties qui s'échapent d'vne rouë qui tourne auec effort, le font assez voir : Mais il n'est pas hors de propos de remarquer que quand i'assigne le mouuement de la Montre à vne matiere dont les parties sont tres-subtiles, toujours émeuës, & tendantes en lignes droites, ie ne dis rien qui ne soit tres-intelligible, qui ne soit reconnu par experience, & mesme qui ne soit necessairement vray.

Il est bon aussi de faire encore vne seconde remarque, qui est que la Montre a tant de rapport à cette matiere subtile; que s'il estoit possible de l'empescher de couler dans les pores de la lame d'acier, il n'y auroit plus de ressort & la Montre resteroit sans mouuement.

Voyons maintenant s'il est ainsi des mouuemens de nostre corps.

Comme ie suppose que l'on sçait quelle en est la composition, ie ne m'arresteray point à expliquer comment les os, qui sont d'vne constitution plus solide que le reste du corps, soûtiennent toutes les autres parties ; pourquoy ils sont diuersement articulez ; quels en sont les liens ; quelles les enueloppes ; de quelle chair ils sont entourez ; de quelle façon les muscles s'attachans à leurs extremitez, seruent à les tirer en diuers sens ; quelle communication ces muscles ont auec le Cerueau par les nerfs qui ne sont que des suites & des alongemens du cerueau mesme ; comment ces nerfs sont quelquefois pleins & quelquefois vuides des esprits qui y sont coulez du cerueau ; comment les esprits qui ne sont que les plus subtiles parties du sang, & les plus eschauffées, montent du cœur dans le cerueau par les arteres carotides ; ny enfin que c'est dans le cœur, que le sang s'échauffe & qu'il est en l'homme ce que le ressort est en la Montre.

Mais il me semble que comme on ne sçait pas communement quelle est la cause du ressort de la Montre, on ne sçait pas aussi fort communement quelle est la cause de ce grand mouuement qui arriue aux parties du sang quand il est dans le cœur.

Pour moy ie pense que la mesme matiere qui cause le ressort de la Montre, cause aussi le mouuement du cœur.

I'ay déja montré, ce me semble, que la matiere subtile est cause de tous les mouuemens que nous voyons dans les masses, ou dans les liqueurs sensibles.

Maintenant il faut remarquer que cette matiere subtile se rencontre en deux sortes d'estats. Où elle fait corps à part, c'est à dire, qu'elle se trouue en quelque quantité sans meslange d'aucune matiere, plus grossiere; ou bien elle se trouue mélée auec les parties des matieres grossieres.

Dans le premier estat, elle est cause de cét éclat que nous appellons lumiere; & de faict, nous voyons que toutes les manieres de produire la lumiere aux endroits où il n'en paroist point, ne consiste qu'à trouuer les moyés de separer les matieres grossieres & de faire en les écartant les vnes des autres, vn foyer de la matiere la plus subtile. Ainsi lors qu'à l'aide d'vn miroir ardent on assemble plusieurs rayons vers vn mesme point, les parties qui les composent estant fort émeuës, tendent fortement à se chasser de l'endroit où elles se rencontrent; en sorte qu'il se remplit de la matiere la plus subtile, qui, formant vn petit tourbillon, pousse toute la matiere qui l'enuironne, & rencontrant celles, dont les parties peuuent émouuoir nos yeux, excite en nous par leur moyen, le sentiment de la lumiere.

De mesme lors qu'on frappe deux cailloux l'vn contre l'autre, leurs parties estant fort roides, celles qui se rencontrent en leur superficie à l'endroit du coup, se rabattent auec

ET ARTIFICIELLES. 85

effort sur celles qui sont au dessous, d'où elles rejaillissent auec vne telle violence, que se separant en petits éclats & piroüettant en l'air, elles en écartent les parties ; en sorte que, n'estans plus entourées que de la plus subtile matiere ; toutes leurs extremitez en sont si ébranlées, que rencontrant cette matiere qui nous fait sentir la lumiere, elles la poussent contre nos yeux d'vne façon si forte qu'elle nous fait voir quelque chose de plus rouge & de plus vif que la lumiere ordinaire: & ces parties du caillou ainsi excitées par la matiere subtile qui les entoure, peuuent en communiquant leur mouuemét aux masses ausquelles elles sont appliquées, causer de grands embrasemens.

Que si cette matiere subtile coule dans les pores de quelque masse qu'elle discute en si petites parties que chacune d'elles n'ait pas assez de force pour communiquer son mouuement aux parties des masses voisines, mais seulement aux parties de la matiere qui peut exciter les nerfs de nos yeux, elle pourra cauſer de la lumiere ſans bruſler, comme il arriue au bois pourry, dont les parties amenuiſées par cette matiere ſubtile, n'ont pas la force d'ébranler les corps auſquels elles s'appliquent; quoy qu'elles puiſſent émouuoir les particules qui excitent le ſentiment de lumiere en nous : d'où vient qu'elles ne brûlent pas, quoy que ſouuent elles luiſent.

Mais au contraire il y a des feux qui conſument ſans briller : & c'eſt l'effect de la matiere ſubtile conſiderée dans le ſecond eſtat, c'eſt à dire, quand elle eſt mélée aux parties des matieres groſſieres.

Quelque-fois elle fait vne ſi grande diſcuſſion dans certaines maſſes, par exemple, dans des fruicts, ou de la chair ; que, quoy qu'en les touchant, on ne les ſente pas chaudes, parce que leurs parties ſont trop diuisées pour rendre leur mouuement sensible; neantmoins on les voit se quitter, & c'est ce qu'on appelle gangrenne, ou pouriture.

Quelquesfois en versant certaines liqueurs sur certaines masses, elles s'insinuent dans leurs pores : mais, comme elles ne les remplissent pas exactement, & que les parties de l'air ny des autres matieres enuironnantes n'y peuuent couler auec elles ; il s'y coule de la matiere subtile qui, les entourant de toutes parts, leur communique vn si grand mouuement ; qu'elles ébranlent toutes les parties entre lesquelles elles sont engagées, & les font boüillir pelle-mesle ; ce qui dure autant de temps qu'il en faut à ces liqueurs, pour s'insinuer, dans tous les pores des masses : Et voilà ce qui arriue à la chaux viue, quand on y verse de l'eau.

Quelquesfois aussi la matiere subtile est cause que deux liqueurs qui nous refroidissent les mains, auant que d'estre mélées, nous brûleroient si nous y touchions, quand on les a versées dans vn mesme vaisseau, & cela arriue toutes les fois que l'vne des deux liqueurs a les parties faites de sorte qu'elles se peuuent insinuer entre les parties de l'autre, sans laisser entr'elles que ce qu'il faut d'espace à la plus subtile matiere. Car dés le moment qu'elle les entoure, elle leur communique son mouuement, les échauffe & les fait boüillir.

C'est de cette maniere que le sang s'échauffe dans le cœur de l'homme : car comme il ne chasse pas dans les deux arteres, à chaque diastole, tout le sang dont il est plein, & qu'il en reste toûjours dans ses cauitez, dont les particules s'attenuent par la demeure qu'elles y font ; le nouueau sang qui y tombe des deux veines, ne s'y peut méler sans s'éleuer incontinent, à cause que les parties qui estoient
restées

restées dans le cœur, s'insinuant entre celles qui y suruiennent, il ne reste entr'elles que la plus subtile matiere, qui les échauffe si vîte & si à propos ; que le cœur venant à se comprimer, fait qu'elles entrent auec effort dans les deux arteres, dont elles poussent tout le sang jusques aux extremitez du corps : ce qui ne se peut faire, sans qu'il entre du sang des arteres dans les veines à cause de la communication qu'elles ont ensemble, & sans que le sang qui entre dans les veines par leurs extremitez, repousse tout le sang dont elles sont pleines vers le cœur : or pendant que ces choses se font, vn peu de sang resté dans le cœur s'attenuë & se fermente pour exciter celuy que les deux veines y laissent tomber.

Ainsi l'action du cœur continuë, il enuoye toûjours du sang chaud aux extremitez, qui repousse celuy des extremitez vers le cœur, pour s'y rechauffer : & comme les arteres sont poreuses, leur mouuement qui répond à celuy du cœur, fait qu'en certains momens leurs pores s'ouurent, & laissent échapper des parties du sang qui se joignant à celles des chairs, des os, ou des muscles, en font la nourriture.

Il y en a mesme qui s'échappent sans qu'on s'en apperçoiue, & d'autres qui au sortir de la peau, se joignent & paroissent comme de l'eau. Ainsi c'est par la matiere subtile que le sang est échauffé : c'est par elle qu'il est en estat de nourrir le corps : & (ce qui fait le plus à nostre sujet) c'est par elle que le sang monte dans les carotides & puis dans le cerueau, où les plus subtiles parties passans en des endroits où les autres ne se peuuent insinuer, elles se demeslent des plus grossieres & font cette foule de petits corps que leur agilité fait nommer les esprits, & qui coulans par les nerfs dans tous les muſcles, font mouuoir noſtre corps en tant de façons admirables. Ce font ces meſmes eſprits, dont vne partie coulant par vne branche du nerf de la ſixiéme conjugaiſon dans les fibres qui compoſent les chairs du cœur, font cuſe de ſes battemens ; de ſorte que le cœur eſt tout à la fois vn vaiſſeau où le ſang s'échauffe, & vn muſcle qui pouſſe le ſang vers toutes les extremitez, apres qu'il eſt échauffé : & comme le cerueau reçoit de luy le ſang dont ſe forment les eſprits : il reçoit du cerueau les eſprits qui luy ſeruent à chaſſer le ſang vers toutes les parties du corps.

Ie n'explique pas plus auant toutes ces choſes, & il me ſuffit d'auoir montré par les exemples de la Montre & du Corps de l'homme, que les machines artificielles & naturelles n'ont qu'vne meſme Cauſe de leur mouuement, &

H ij

qu'à ne considerer que les corps, cette Cause est la plus subtile matiere.

DE LA PREMIERE CAVSE DV MOVVEMENT.

IV. DISCOVRS.

A NE considerer que les corps, on ne doit chercher la cause de tous les mouuemens, que dans la matiere la plus subtile. Mais elle n'a pas le mouuement d'elle-mesme; & si l'on en veut trouuer la veritable cause, il faut aller au delà des corps. Et comme cette découuerte est l'vne des plus importantes & des plus difficiles que l'on puisse tenter, il n'y faut aller que pas à pas. C'est pourquoy suiuant la Methode des Geometres, j'expliqueray d'abord quelques termes dont ie me veux seruir, & qui pourroient faire équiuoque : Enfuite ie poferay quelques Axiomes : Puis ie feray mes propofitions. Ainfi chaque chofe eftant feparée, fe pourra mieux examiner; & s'il y a du paralogifme, on le pourra plus facilement connoiftre, que fi ie faifois vn difcours dont toutes les parties euffent plus de liaifon.

Definitions.

1. Caufer le mouuement des corps, ne fignifie autre chofe que mouuoir les corps.
2. Auoir du mouuement, ne fignifie autre chofe qu'eftre meu.

Axiomes.

1. On n'a pas de foy, ce qu'on peut perdre, fans ceffer d'eftre ce qu'on eft.
2. Tout corps pourroit perdre de fon mouuement jufques à n'en auoir plus, fans ceffer d'eftre corps.
3. On ne peut conceuoir que

deux sortes de substances, sçauoir l'*Esprit* (ou, ce qui pense) & *le Corps*: C'est pourquoy on les doit considerer comme les causes de tout ce qui arriue ; & ce qui ne peut venir de l'vne, se doit necessairement attribuer à l'autre.

4. *Mouuoir* (ou causer le mouuement) est vne action.

5. Vne action ne peut estre continuée que par l'agent qui l'a commencée.

Conclvsions.

I.

Nul Corps n'a le mouuement de soy-mesme.

Par le premier Axiome, on n'a *Preuue.* pas de soy ce qu'on peut perdre sans cesser d'estre ce qu'on est.

Or par le second, tout corps peut perdre son mouuement sans cesser d'estre corps.

Donc nul corps n'a le mouuement de soy-mesme.

II.

Le premier moteur des Corps n'est point corps.

Preuue. Si le premier moteur des Corps estoit corps, il s'ensuiuroit qu'vn corps auroit le mouuement de soy-mesme.

Or par la premiere proposition, nul corps ne l'a de soy.

Donc le premier moteur des Corps n'est point corps.

III.

Ce ne peut estre qu'vn Esprit qui soit premier moteur.

Preuue. Par le premier Axiome il n'y a que deux sortes de substances, sçauoir le Corps & l'Esprit, & ce qui ne peut appartenir à l'vne, se doit necessairement attribuer à l'autre.

Or par la seconde proposition, vn corps ne peut estre premier moteur.

Donc ce ne peut estre qu'vn esprit qui soit premier moteur.

IV.

IV.

Ce ne peut estre que le mesme Esprit qui a commencé de mouuoir les corps, qui continuë de les mouuoir.

Posé que suiuant l'axiome IV. mouuoir les corps soit vne action; & que suiuant l'axiome V. vne mesme action ne puisse estre continuée que par l'agent qui la commencée : Il s'ensuit que si vn esprit a commencé de mouuoir les corps, le mesme esprit doit continuer de les mouuoir.

Or par la troisiéme proposition c'est vn esprit qui a commencé de mouuoir les corps.

Donc ce ne peut estre que le mesme esprit qui continuë de les mouuoir.

On peut trouuer plus de difficulté en cette derniere proposition que dans les precedentes: parce que l'on est persuadé qu'vn corps en peut mouuoir vn autre: Et l'on s'imagine que pourueu que l'esprit, qui a esté reconnu dans la troisiéme proposition pour premier moteur, ait vne fois agité certaines portions de la matiere ; elles en ont pû mouuoir d'autres : on croit mesme auoir reconnu dans toutes les experiences des choses sensibles, que c'est toûjours vn corps qui en fait mouuoir vn autre.

Mais pour ne se point tromper, il faut soigneusement discerner ce qu'on a effectiuement reconnu, d'auec ce qu'on a seulement conjecturé touchant cela : car c'est de la confusion de ces deux choses que viennent toutes nos erreurs sur ce poinct.

Lors qu'on dit, par exemple, que le corps B a chassé le corps C de sa place ; si on examine bien ce qu'on reconnoist de certain en cela; on verra seulement que B estoit meu, qu'il a rencontré C lequel

Dv Movvement.

estoit en repos, & que depuis cette rencontre le premier cessant d'estre meu, le second a commencé de l'estre. Mais que l'on reconnoisse que B donne du mouuement à C? cela n'est, en verité, qu'vn prejugé de ce que nous ne voyons pour lors que ces deux corps, & que nous auons coustume d'attribuer tous les effets qui nous sont connus, aux choses que nous apperceuons, sans prendre garde que souuent ces choses sont incapables de produire de tels effets, & sans considerer qu'il peut y auoir mille causes, qui, tout imperceptibles qu'elles sont, peuuent produire des effets sensibles.

Cependant nous sommes desja conuenus qu'vne cause imperceptible peut causer vn effet sensible; puisque nous auons esté obligez dans la troisiéme proposition d'admettre vn esprit que nous ne voyons pas, pour causer du mouuement que nous apperceuons dans les corps.

Ainsi il reste de voir si, lors que nous disons que B a chassé C de sa place, nous auons raison de penser que le mouuement de l'vn ait pû estre produit par l'autre ; car au cas que nous reconnoissions que le corps B, qui, de toutes les choses qui nous paroissent pour lors, est la seule que nous iugeons capable de cét effet, ne le puisse produire ; il faudra conclure que la cause en est cachée aux sens, & tascher de la découurir par la raison.

Premierement quand on a dit que B estoit meu, si l'on n'a pas pensé à ce qui le faisoit mouuoir, on a entendu qu'il estoit en vn certain estat, & en ce sens on n'a pas pû croire qu'il peût communiquer son mouuement à C. car l'estat d'vn corps ne passe point dans vn autre.

Secondement, si lors qu'on a dit que C a commencé d'estre meu, on a pensé à ce qui le faisoit mouuoir ; on n'a pas pû croire que ce fuſt B. parce que luy-meſme n'eſtoit plus en mouuement & commençoit d'eſtre en repos.

Ainſi puiſque, de quelque façon qu'on prenne le mouuement, celuy du corps C ne peut auoir eſté cauſé par le corps B ; il faut conclurre que la cauſe en eſt inſenſible. Et enfin puiſque nous ſommes aſſurez par la troiſiéme propoſition qu'vn eſprit eſt premier moteur, ſi nous ſuppoſons que B ait eſté meu par cét eſprit iuſqu'à ce qu'il ait rencontré C ; nous ne deuons point douter lors que C commence d'eſtre meu, que ce ne ſoit par le meſme eſprit : Il eſt capable de mouuoir C comme il eſtoit de mouuoir B ; & nous voyons que B. en repos n'eſt pas capable de mouuoir C.

Mais, dira quelqu'vn, ſi B gardoit la moitié de ſon mouuement, apres auoir rencontré C ; ne pourroit-on pas aſſeurer, s'ils continuoient d'aller enſemble, que B

I iij

feroit mouuoir C ? Non, ce me semble ; Et quand on dit que B, qu'on suppose estre meu par le premier moteur, garde la moitié de son mouuement; on doit entendre que, si cét esprit le mouuoit comme huict, il ne le meut plus que comme quatre apres la rencontre de C: & que C commence d'estre meu comme quatre par le mesme esprit. On doit aussi prendre garde que chacun de ces corps, quand il est meu, a tellement son mouuement à soy, qu'il n'en a iamais que pour soy : Ce qui paroistroit, si l'on supposoit (comme on sçait que cela peut arriuer) que le corps B rejallist du corps C en mesme temps que C seroit émeu par sa rencontre. Car encore qu'en ce cas, on peust dire que le second seroit meu par ce qui auroit meu le premier, & qu'on deust rabattre sur le mouuement de celuy cy les degrez dont celuy-là commenceroit d'estre meu ; neantmoins, on ne pourroit dire que les degrez qui seroient restez à l'vn,

DV MOVVEMENT. 103

feruiſſent à l'autre : puis qu'ils iroient également, apres eſtre ſeparez. Et par la meſme raiſon, on ne doit pas dire, quand ils continuent d'aller enſemble, que l'vn aille par l'autre ; mais ſeulement, qu'eſtans dirigez en meſme ſens, & auec autant de degrez de mouuement, ils doiuent aller également viſte, & ainſi ne ſe point quitter.

Ce qui eſt dit du corps B & du corps C ſe doit entendre de tous les corps, qui ſe peuuent rencontrer : Et l'on doit conceuoir, quelque coûtume qu'on ait de croire le contraire, que ce qui a meu les premiers, doit mouuoir tous les autres : puis que ce qui produit, conſerue ; & que la meſme action qui a commencé le mouuement, le doit continuer.

Donc ce qu'on doit entendre quand on dit que les corps meuuent les corps ; c'eſt qu'eſtans tous impenetrables, & ainſi les meſmes ne pou-

I iiij

uans toûjours estre meus, du moins auec égale vistesse ; leur rencontre est vne occasion à l'esprit, qui a meu les premiers, de mouuoir les seconds. Or comme nous ne considerons pas toûjours cette premiere cause qui fait mouuoir, & que nous ne nous arrestons qu'à ce qui se voit ; parce que souuent cela suffit pour nous faire entendre ; nous nous contentons, lors que nous voulons dire pourquoy vn certain corps, qui ne mouuoit point, commence de mouuoir, d'expliquer comment il a esté rencontré par vn autre corps, qui estoit en mouuement : alleguant ainsi l'occasion pour la cause.

Apres auoir montré qu'vn corps n'en peut mouuoir vn autre, & que c'est quelque esprit qui les fait mouuoir, Il faut rechercher quel est cét esprit.

Plusieurs s'arrestans en eux-mesmes & voyans que les mouuemens de leurs corps suiuent de si prés leurs volontez, croyent n'auoir point à rechercher d'autre cause du mouuement de leurs corps que leur volonté propre.

Cette erreur est semblable à l'erreur de ceux qui pensent qu'vn corps en peut mouuoir vn autre : car comme ces personnes, ne voyant que deux corps, se persuadent, à cause que le transport du second est toûjours arriué si-tost que le premier meu en a esté approché, que c'est en effet l'vn qui a fait mouuoir l'autre, sans considerer qu'vn corps ne sauroit produire l'effet qu'ils luy attribuent ; de mesme plusieurs voyant que dés qu'ils veulent qu'vne partie de leur corps soit meuë vers vn certain costé, elle y est aussitost portée ; s'imaginent, à cause qu'ils ne s'apperçoiuent pour lors que de leur volonté, & du transport de leurs corps qui la suit de si prés; que ce transport ne peut estre causé que par elle : sans prendre garde qu'elle n'en peut estre la cause.

Mais pour le connoistre, il faut considerer, Premierement, que les corps mouuoient auant que nous voulussions ; d'où il suit que c'est vne autre volonté que la nostre, qui a causé le mouuement. Que si l'on dit que les mouuemens de nos corps ne sont que depuis que nous voulons ; Ie respondray que l'effect montre manifestement le contraire, & que le mouuement est dans la matiere, qui compose nos corps, auant qu'ils soient animez, c'est à dire, auant que ce qui veut y soit vny. D'ailleurs nos ames n'abandonnent nos corps que parce qu'il n'y a plus de ces mouuemens qui sont necessaires à la vie ; & pour connoistre que leur durée ne dépend pas de nostre volonté, il ne faut que considerer, qu'ils cessent toûjours plustost que nous ne voulons.

Que si quelquesfois nostre mal-

DV MOVVEMENT. 107

heur est tel qu'il nous fasse desirer la mort ; nous auons beau vouloir que ces mouuemens cessent en nous : ils dépendent si peu de nous, que si nous nous contentions de le vouloir, ils ne cesseroient pas pour cela. Mais si nous armans contre nous mesmes, nous faisions couler hors de ses vaisseaux le sang qui entretient la vie ; alors nous le verrions exhaler en fumée ces mesmes parties, dont le mouuement sert à transporter nos corps : Et pour lors, si le desespoir nous pouuoit permettre de philosopher, nous connoistrions que puisque nostre sang meut bien hors de nous, sans que nostre volonté luy cause ce mouuement ; ce n'est point par nostre volonté qu'il mouuoit en nous.

Secondement, si nous pouuions à nostre gré faire de nouueaux mouuemens, il s'ensuiuroit que le mouuement pourroit croistre en la nature, & qu'ainsi l'ordre en seroit troublé. Car s'il n'a fallu de mouuement que iufqu'à vn certain poinct pour eftablir cét ordre ; il n'en faut iuftement que la mefme quantité pour le conferuer.

En troifiéme lieu, fi nos volontez pouuoient produire des mouuemens, elles les conferueroient, & nous auons déja montré, par vn exemple bien vifible, qu'elles ne peuuent conferuer celuy dont elles fouhaiteroient plus ardemment la durée.

En quatriefme lieu, fi les mouuemens de ces particules delicates & fubtiles, qui agitent nos membres, venoient de noftre volonté ; ils feroient ou plus viftes ou plus tardifs, felon qu'il nous plairoit : mais vn vieillard a beau vouloir marcher vifte ; vn yurogne a beau vouloir marcher droit ; & celuy dont la main eft gelée a beau vouloir remuer les doigts ; des gens en cét eftat ne témoignent que trop que si ces petites particules peuuent estre tantost plus & tantost moins émeuës; ce n'est iamais selon que nos volontez sont differentes; mais toûjours selon la difference des matieres dont elles sont composées, selon la difference de nos âges, & selon la difference des lieux où nous viuons.

D'ailleurs, La Veille, qui n'est autre chose qu'vn mouuement de ces particules qui courent dans le cerueau pour en tenir les pores ouuerts, & dans les nerfs pour en tenir les filets tendus, arriue souuent en nous, malgré nous, & continuë souuent plus que nous ne voulons: ce qui ne seroit pas si elles attendoient leurs mouuemens de nostre volonté. Et le sommeil ne nous accableroit pas si souuent contre nos souhaits; si nous pouuions continuer le mouuement de ces particules, autant qu'il nous plairoit. Enfin tous ces mouuemens conuulsifs, & ces transports subits & mortels, qui nous assaillent le cerueau, marquent bien que nostre volonté ne donne pas le mouuement à ces particules (que leur subtilité fait nommer les esprits) & mesme qu'elle n'est pas la maistresse de leur route, puisque dans ces occasions elle ne les peut empecher de courir où leur impetuosité les emporte.

Au reste, on sçait qu'il n'y a rien qui depende moins de nous que les mouuemens de nostre cœur: & pour peu qu'on ait obserué la difference de ses battemens à l'approche des lieux chauds ou froids, on verra qu'il ne meut que par la communication qu'il a auec les autres corps de l'Vniuers. Ensuite si l'on prend garde que c'est du mouuement du cœur que suiuent tous les autres mouuemens, on ne penseraplus que nostre ame excite celuy des petites particules que l'on nomme les esprits : on connoistra que ces esprits ne sont autre chose que les plus delicates parties du sang échauffé, c'est à

DV MOVVEMENT.

dire, émeu dans le cœur : on verra qu'il en monte plus où moins selon que cette chaleur est plus ou moins grande ; & enfin que ces parties estant arriuées au cerueau, coulent dans les nerfs & de là dans les muscles, de sorte qu'elles n'ont point besoin de l'ame pour estre meuës. Il est bien vray qu'estans déja émeuës lors qu'elles passent dans le cerueau, quelques-vnes d'elles peuuent estre dirigées selon ses souhaits, c'est à dire que si-tost qu'elle desire que le corps auquel elle est vnie, se porte vers vn costé, la puissance qui meut toutes ces particules, les meut d'vne façon respondante à ce desir.

Donc s'il reste quelque lieu de dire que l'ame meuue le corps ; c'est au mesme sens qu'on peut dire qu'vn corps meut vn corps. Car comme on dit qu'vn corps en meut vn autre, lors qu'à cause de leur rencontre, il arriue que ce qui mouuoit le premier vient à mouuoir le second ; on peut dire qu'vne ame meut vn corps, lors qu'à cause qu'elle le souhaite, il arriue que ce qui mouuoit desja ce corps, vient à le mouuoir du costé vers lequel cette ame veut qu'il soit meu : & il faut aduoüer que c'est vne façon commode de s'expliquer dans l'ordinaire, que de dire qu'vne ame meut vn corps & qu'vn corps en meut vn autre : parce que comme on ne cherche pas toûjours l'origine des choses ; il est souuent plus raisonnable, suiuant ce qui a desja esté remarqué, d'alleguer l'occasion que la cause d'vn tel effet.

Apres auoir tasché de répondre à ceux qui disent que nos esprits peuuent mouuoir nos corps par leur seule volonté, ie dois répondre à ceux qui passant d'vne extremité à l'autre, doutent qu'il y ait aucun esprit qui puisse mouuoir les corps par sa seule volonté.

Cette erreur vient à mon aduis, de ce que souuent nous voulons
plus

plus que nous ne pouuons : Et comme nous ne faisons rien que par le secours d'vne puissance qui n'est point de nous ; nous penchons toûjours à croire que toute volonté est impuissante d'elle-mesme, ou (ce qui est la mesme chose) que tout esprit, outre sa volonté, a besoin de quelque puissance pour operer ce qu'il desire.

Ainsi la coustume que nous auons de juger de tout, par ce que nous éprouuons en nous mesmes, fait qu'encores que nous reconnoissions par des raisons éuidentes, qu'vn esprit doit faire mouuoir les corps ; neantmoins quand nous venons à conclure que c'est par sa seule volonté, & à considerer combien la nostre nous paroist foible en tout, nous ne pouuons croire, quel que soit cét esprit, que la sienne soit assez puissante pour cela.

Mais si nous considerons que ce deffaut perpetuel de nostre esprit

K

ne vient que de ce qu'il n'eſt pas par luy-meſme, & que s'il eſtoit par luy-meſme, rien ne luy manqueroit, en ſorte que tout ce qu'il voudroit, ſeroit ; nous connoiſtrions aiſément qu'il y a vn premier Eſprit qui eſtant par ſoy-meſme n'a beſoin, que de ſa volonté pour tout faire, & que rien ne luy manquant, dés qu'il veut que ce qui eſt capable d'eſtre meu ſoit en mouuement, cela doit neceſſairement arriuer.

Nous nous perſuaderons aſſez aiſément cette verité, ſi nous faiſons vn peu de reflection ſur les choſes dont nous ſommes desja conuaincus. Premierement, nous ſommes aſſurez en general que quelque eſprit doit faire tout ce que le corps ne peut operer. En ſecond lieu, nous ſçauons au ſujet particulier du mouuement, qu'encores que le corps ſoit ſeul capable d'en receuoir l'effet, il n'en peut toutefois eſtre la cauſe. Enfin, noſtre foibleſſe nous apprend que ce n'eſt

Du Mouvement

point noſtre eſprit qui fait mouuoir. Que reſte-il donc ? qu'vn autre Eſprit à qui rien ne manque, le faſſe, & qu'il le faſſe par ſa volonté.

Mais, dira quelqu'vn, encore que nos Eſprits ne puiſſent cauſer le mouuement, s'enſuit-il qu'il faille recourir au premier Eſprit pour en trouuer la cauſe ? Et ne pourroit-il pas y auoir vn eſprit entre ce premier & les noſtres qui le puſt cauſer ?

Ie reſpons que ſi cét Eſprit, de quelque ordre qu'on le vueille feindre, n'eſt pas le premier ; il n'eſt pas par ſoy : & s'il n'eſt pas par ſoy, il n'a rien qui ne luy vienne d'ailleurs : de ſorte qu'il n'eſt la veritable cauſe de quoy que ce ſoit. Nous pourrions bien conceuoir qu'vn eſprit auroit la direction de tous les mouuemens de cét Vniuers, comme nous l'auons de quelques-vns des mouuemens de nos Corps. Mais auſſi comme nous ne causons point ces mouuemés en nos Corps, & que ce qui arriue seulement est que la Premiere Puissance les dispose selon nos volontez. Il est certain aussi que cét Esprit, quelque excellent qu'il fût ne produiroit aucuns mouuemens ; & ce qui le rendroit d'vn ordre superieur au nostre, c'est que la Premiere Puissance disposeroit plus de choses selon la volonté de cét esprit qu'elle n'en dispose selon la nostre : mais aucune de ces choses ne seroit produite par luy, & si l'on en vouloit trouuer la veritable cause, il faudroit toûjours remonter à Dieu.

L'on a bien dit, quand on a dit qu'il s'estoit tellement enchassé dans ses ouurages qu'on ne peut les considerer sans le connoistre ; En effet on ne peut connoistre la nature sans auoir connu le mouuement ; & vous voyez que nous n'auons pû connoistre le mouuement, que nous n'ayons reconnu la diuine puissance qui le cause.

Nos sens nous faisoient assez voir que les corps pouuoient estre meus; mais nos raisonnemens nous ont appris qu'ils ne le pouuoient estre par d'autres corps, ny par des ames foibles comme les nostres, ny mesme par aucun esprit creé pour excellent qu'il fût. Ainsi nous sommes paruenus à ce premier Esprit, & nous auons esté obligez non seulement d'aüouer qu'il a commencé le mouuement; mais nous auons éuidemment reconnu qu'il le continuë : nous auons appris que sa seule puissance en est capable, & nous la deuons admirer, sur tout en ce poinct; qu'ayant posé des loix entre les corps, suiuant lesquelles elle les meut diuersement, à cause de la diuersité de leurs rencontres; elle a aussi posé entre nos ames & nos corps des loix qu'elle ne viole iamais; & tandis que ces corps sont constituez d'vne certaine façon, elle en dirige toûjours certains mouuemens selon nos desirs; ce qu'elle fait auec tant de promptitude, &

si conformement à nos volontez, que ceux qui precipitent leurs iugemens, croyent qu'ils ont operé d'eux mesmes ce qu'ils ont simplement desiré, parce que cette premiere puissance l'a operé dés l'instant qu'ils l'ont desiré.

DE L'VNION
DE L'ESPRIT
& du Corps.

Et de la maniere dont ils agiſſent l'vn ſur l'autre.

V. DISCOVRS.

CE merueilleux rapport de nos mouuemens & de nos penſées me donne occaſion de parler de l'vnion de noſtre corps & de noſtre ame, & de la maniere dont ils agiſſent l'vn ſur l'autre. Ce ſont deux choſes que l'on a toûjours admirées ſans les expliquer. Ie n'oſe dire que j'en aye découuert le ſecret; mais il me ſemble n'auoir plus rien à deſirer ſur ce point: & quelques-vns de mes amis à qui j'ay communiqué pluſieurs fois mes pensées sur ce sujet depuis sept ou huict ans, me veulent persuader qu'elles sont veritables. Si toutesfois ie me trompe en quelque chose dans la premiere Partie de ce Discours, où ie parle de l'vnion du Corps & de l'Ame : Et dans la seconde où ie parle de leur Action, il sera facile de connoistre mon erreur, car ie ne donne en chacune que deux definitions, vn Axiome & vne proposition à examiner.

PREMIERE PARTIE.

De l'vnion de l'Esprit & du Corps.

DEFINITIONS.

1. Deux corps sont vnis autant qu'ils le peuuent estre, quand leurs étenduës se touchent mutuellement & auec vn tel rapport, que l'vn suiue necessairement les determinations de l'autre.

Et il faut obseruer que sans examiner

examiner par quelle puissance ils sont ainsi disposez, on se contente, pour asseurer que leur vnion continuë, de voir continuer ce rapport entre-eux.

2. De mesme, on diroit que deux esprits seroient vnis, si leurs pensées se manifestoient mutuellement & auec vn tel rapport, que l'vn suiuist necessairement les déterminations de l'autre.

Et sans qu'il fust besoin d'examiner par quelle puissance ils seroient ainsi disposez, on pourroit asseurer qu'ils seroient vnis tandis que ce rapport dureroit entre-eux.

Axiome.

D'où il resulte que l'vnion des choses ne se fait que par ce qu'elles ont de rapportant : Et consequemment si vn Corps & vn Esprit sont vnis ; ce n'est pas par le rapport de deux étenduës, car l'Esprit n'en

L

a point ; ny par le rapport de deux penſées, car le Corps n'en a point.

CONCLVSION.

Mais ſi cét Eſprit, dont la nature eſt de penſer, à quelques penſées, auſquelles le Corps puiſſe auoir du rapport par ſon étenduë, par ſon mouuement ou par autre choſe de ſa nature ; par exemple, ſi de ce que cét Eſprit voudra que ce Corps ſoit meu en certain ſens, ce Corps eſt tellement diſpoſé qu'en effet il y ſoit meu ; ou, ſi de ce qu'il y aura de certains mouuemens en ce Corps il vient de certaines perceptions en cét Eſprit ; on pourra dire (par quelque puiſſance qu'ils ayent eſté ainſi diſpoſez) qu'ils ſont vnis : & tandis qu'ils auront ce rapport entre-eux, on pourra dire que leur vnion continuë.

Cette vnion, ſi l'on y prend garde, eſt bien plus grande & plus par faite que celle de deux corps : car deux corps ne font vnis qu'en la superficie, c'est à dire, ils n'ont rapport que par leurs extremitez, sans que leurs autres parties s'vnissent ; au lieu qu'il n'y a si petite partie du corps, auquel vn esprit est vny ; auec laquelle cét esprit n'ait du rapport : puisque les changemens qui arriuent en chaque endroit du corps, peuuent estre apperceus de cét esprit, ou luy exciter de nouuelles pensées ; & qu'il n'y a pas vne partie qui ne serue à entretenir dans ce corps l'admirable œconomie qui le rend propre à toutes les choses que cét esprit veut qu'il opere.

Au reste l'on connoist assez par ce qui a esté obserué sur la fin du quatriesme discours, quelle est la puissance qui tient l'Esprit & le Corps toûjours disposez à receuoir diuers changemens à l'occasion l'vn de l'autre ; mais il n'a pas esté besoin d'examiner en ce discours quel-

L ij

le puissance entretient ce rapport entre-eux : C'est assez d'auoir reconnu que ce rapport est veritable, & que c'est en cela que consiste leur vnion.

Ces choses posées, il est aisé de voir en quel sens on peut dire que nos Esprits sont dans le lieu : & ce qu'on doit entendre, quand on dit qu'ils sont transportez. Car si, d'vn costé, il est vray de dire qu'ils ne puissent estre transportez, parce que cela suppose l'étenduë qu'ils n'ont pas ; d'vn autre costé les considerant vnis à nos corps par la maniere qui vient d'estre expliquée, on peut dire qu'ils sont, par tout où est la matiere dont les mouuemens sont dirigez suiuant leur volonté, & dont les diuers changemens peuuent exciter en eux des sentimens differens : Et enfin puisqu'en quelque lieu que cette matiere soit transportée, elle a des mouuemens qui respondent à leurs pensées, & qu'ils ont des pensées qui respondent necessairement aux changemens de cette matiere, on peut dire qu'ils sont transportez auec elle.

Les mesmes choses posées, on a raison de dire qu'vn esprit est tout en tout le corps qu'il anime, & tout en chaque partie : Puis que ce tout peut suiure ses volontez, ou luy donner des sentiments, & que chaque partie de ce tout sert à entretenir ce qui le rend propre à cela.

Par là aussi on entend en quel sens on peut dire que Dieu est par tout. Car puisque chaque partie de de la matiere est meuë parce qu'il le veut ; on peut assurer que cette action de la volonté s'étend par tout, & en ce sens qu'il est par tout.

Neantmoins il n'est pas vny à la matiere comme nos ames sont vnies à nos corps : car il est sans dépendance de la matiere, & ce qui arriue en elle ne peut cauſer en luy les alterations que noſtre ame reſſent par les changemens du corps. La raiſon de cette difference eſt qu'il n'arriue rien en la matiere que ce qu'il plaiſt à cét Eſprit ſouuerain : ainſi la cauſe des changemens de la matiere eſt ſa volonté qu'il ſçauoit auant que ces changemens fuſſent, de ſorte qu'ils ne peuuent luy donner aucune penſée qu'il n'euſt point : au lieu que nos ames ne connoiſſent les changemens de la matiere que quand ils arriuent, & elles peuuent receuoir de nouuelles penſées par les mouuemens du corps, ſuiuant le rapport & la dépendance que Dieu a mis entre-eux

4. On peut conceuoir en ſuite, qu'vn Ange ou vn autre eſprit peut diriger les mouuemens d'vne certaine portion de matiere, ſans toutesfois qu'on puiſſe dire qu'il l'anime, comme nos eſprits animent nos corps ; car ces Eſprits ne ſont point ſujets aux changemens de la

matiere à laquelle ils s'appliquent. Et encores qu'elle puisse agir sur eux en vn certain sens, puis qu'ils sont capables d'apperceuoir ces changemens, & ainsi d'auoir de nouuelles pensées à leur occasion ; neantmoins ils ne sont point affectez de plaisir, de douleur & de ces diuers sentimens que nostre ame éprouue, dés qu'il arriue dans nostre corps des changemens capables de restablir ou de ruiner cette disposition par laquelle il luy est vny.

5. D'autre costé on peut conceuoir qu'vn Demon ou vn autre Esprit peut estre affecté de douleur par vnion à vne certaine portion de matiere, sans que la direction d'aucun mouuement de cette matiere soit soûmise à sa volonté, en sorte que Dieu ayant disposé cét esprit à souffrir, autant que cette matiere à mouuoir, le mouuement perpetuel de l'vne fasse le supplice eternel de l'autre.

SECONDE PARTIE.

De l'action des Esprits sur les Corps, & de celle des Corps sur les Esprits.

DEFINITIONS.

1. On dit qu'vn corps agit sur vn autre, quand à son occasion cét autre corps commence d'estre arangé ou meu autrement qu'il ne l'estoit auparauant.
2. De mesme on dit qu'vn esprit agit sur vn autre esprit, quand à son occasion cét Esprit conçoit, imagine, veut, ou pense, en quelque façon que ce soit, autrement qu'il ne faisoit auparauant.

Ainsi les corps agissent l'vn sur l'autre autant qu'ils le peuuent, quand ils se causent quelque changement conuenable à l'estenduë : Et les Esprits agissent l'vn sur l'autre autant qu'ils le peuuent, quand ils fe caufent, quelque changement conuenable à la penfée.

Axiome.

D'où il refulte qu'vne chofe n'agit fur l'autre qu'autant qu'elle y peut apporter de changement fuiuant fa nature. Et confequemment fi vn Corps agit fur vn Efprit, ce ne peut eftre en luy caufant aucun changement de mouuement, de figure ou de parties ; car cét Efprit n'a point de toutes ces chofes : non plus que fi cét Efprit agit fur vn Corps; ce ne peut eftre en luy caufant aucun changement de penfée, car ce Corps n'en a point.

Conclvsion.

Mais fi ce Corps, ou fon mouuement, ou fa figure, ou autre chofe dependante de fa nature peut eſtre apperceu de quelque Eſprit, en ſorte qu'à ſon occaſion cét Eſprit ait des penſées qu'il n'auoit pas auparauant ; on pourra dire que ce Corps a agy ſur cét Eſprit, puiſqu'il luy a cauſé tout le changement dont il eſtoit capable ſuiuant ſa nature.

Sans doute il n'eſt pas plus malaiſé de conceuoir l'action des Eſprits ſur les Corps, ou celle des Corps ſur les Eſprits, que de conceuoir l'action des Corps ſur les Corps. Et ce qui nous rend plus inconceuable, la premiere que la derniere, c'eſt que nous voulons conceuoir l'vne par l'autre; ſans conſiderer que chaque choſe agiſſant ſelon ſa nature, nous ne connoiſtrons iamais l'action d'vn agent, quand nous voudrons l'examiner par les notions que nous auons d'vn autre agent de nature toute differente.

Mais ce qu'il y a de remarquable

en cecy, est que quoy que l'action des Corps sur les Corps ne nous soit pas mieux connuë que celle des Esprits sur les Corps ou des Corps sur les Esprits ; la pluspart neantmoins n'admirent que celle-cy, croyans connoistre l'autre : Et j'ose dire que quand on aura bien examiné ce qui se rencontre dans l'action d'vn Corps sur vn Corps, on ne trouuera pas qu'elle soit plus conceuable que celle des Esprits sur les Corps.

Et afin de le reconnoistre, considerez encores ce que fait le corps B sur le corps C quand on dit qu'il le chasse de son lieu : Tout ce qui est clair en cela (comme il a esté dit dans le quatriesme discours) c'est que B estoit meu, que C l'est maintenant, & que le premier demeure à l'endroit que le second occupoit auant luy ; Nous ne voyons que cela, tout le reste nous le conjecturons.

De mesme considerez ce que fait l'Esprit sur le Corps quand on dit qu'il l'agite ; tout ce qui est clair en cela, c'est que l'Esprit veut que le Corps soit meu en vn sens ; & que ce Corps en mesme temps est meu d'vn mouuement conforme au vouloir de cét Esprit ; nous ne nous apperceuons que de cela ; tout le reste, nous le conjecturons : Mais iusques icy les choses sont égales : car si dans le premier exemple les corps B & C nous ont paru & en mouuement & en repos; c'est qu'ils sont capables de ces deux estats : Et dans le second exemple, si nous disons que l'Esprit a voulu qu'vn certain Corps qui se mouuoit déja, fust dirigé d'vne certaine façon ; c'est qu'il pouuoit le vouloir, & si le Corps a esté ainsi dirigé, c'est que cela estoit suiuant sa nature.

Voyons le reste, & taschons d'en bien iuger. Quant au premier exemple, suiuant ce qui a esté dit dans les Remarques sur la quatriefme proposition du quatriefme difcours. Encores qu'on voye que C qui eſtoit en repos commence de mouuoir, & que B qui mouuoit, foit maintenant en repos ; on ne peut pas dire que le mouuement de l'vn foit paſſé dans l'autre ; parce qu'il eſt éuident que le mouuement de chacun à fon égard, n'eſt qu'vne façon d'eſtre, qui n'eſtant pas feparable de luy, ne peut en façon quelconque paſſer dans l'autre : d'où il ſuit qu'il y a autre choſe que le corps B (qui eſt maintenant en repos) laquelle meut le corps C. Or nous ne ſerons pas bien en peine de trouuer cette choſe, fi nous nous fouuenons des concluſions du quatriefme difcours. Ainſi puifqu'il eſt vray que ce n'eſt point B. qui meut C ; s'il nous reſte quelque lieu de dire que le corps B agiſſe fur le corps C, c'eſt feulement par ce que fi-toſt qu'ils font approchez, l'vn ceſſe & l'autre commence d'eſtre meu : De meſme dans le fecond exemple nous apperceuons que dés que l'Esprit veut que le mouuement du Corps soit dirigé en certain sens, cela atriue. Pourquoy donc n'aurons nous pas la mesme occasion de dire que l'Esprit agit sur le Corps? puis qu'encore que ce ne soit pas effectiuement nostre esprit qui cause le mouuement, il est certain toutefois que le mouuement de nostre corps dépend autant & en mesme façon de nostre volonté que le mouuement d'vn Corps dépend de la rencontre d'vn autre Corps.

A considerer la chose exactement, il me semble qu'on ne doit plus trouuer l'action des Esprits sur les Corps plus inconceuable que celle des Corps sur les Esprits; car nous reconnoissons que si nos ames ne peuuent mouuoir nos corps; les Corps ne peuuent aussi mouuoir d'autres Corps : Et comme on est obligé de reconnoistre que la rencontre de deux Corps est vne occasion à la puissance, qui mouuoit le premier, de mouuoir le second ; on ne doit point auoir de peine à conceuoir que nostre volonté soit vne occasion à la puissance, qui meut déja vn Corps, d'en diriger le mouuement vers vn certain costé répondant à cette pensée.

DE LA DISTINCTION DV CORPS & de l'Ame.

Et que l'existence de l'Ame est plus asurée que celle du Corps.

Des operations de l'une & de l'autre en particulier.

Et des effets de leur union.

VI. DISCOVRS.

QVELQVES-VNS disent que sans ce que la foy nous apprend de l'Ame, l'on auroit de grands sujets d'en douter, & que s'ils n'estoient fort soûmis au Chriſtianiſme, ils ne croiroient abſolument que le Corps.

Pour moy, bien que l'authorité de l'Egliſe ſerue beaucoup à me confirmer dans la creance que i'ay de l'Ame; ie diray franchement, que n'eſtimant pas qu'il y ait rien de plus clair à l'eſprit, que l'eſprit meſme; Ie m'eſtonne des doutes que l'on en peut conceuoir, & comment on peut dire que ſans la Foy l'on ne croiroit pas qu'il y euſt autre choſe en l'homme que le Corps.

Neantmoins, puiſque ce point eſt vne difficulté pour quelques-vns; ie penſe que, pour le bien examiner, il faut auant tout conuenir de ce que l'on entend par ces mots, de *Corps* & d'*Ame*, & voir enſuitte ſi l'on ne donne point ces deux noms à la meſme choſe.

Qui dit *Corps* en cette rencontre entend vn amas de pluſieurs parties

DV CORPS ET DE L'AME. 139
étenduës jusques à certain terme, en sorte qu'elles en excluent necessairement toute autre chose étenduë comme elle.

1. Cette *exclusion* est ce qu'on appelle *impenetrabilité*.

2. Ce *terme* est ce qu'on appelle *figure*.

3. Ce *rapport*, qu'il a aux autres corps par sa situation, est ce qu'on appelle son *lieu*.

4. Quand ce rapport change, on dit que le corps est en *mouvement*; & quand il continuë, on dit que le corps est en *repos*.

Qui dit *Ame* ou *Esprit* (car c'est icy la mesme chose) entend ce qui *pense* à quelque chose.

1. Cette chose est ce qu'on appelle *objet*.

M ij

2. Ce que l'on conçoit de l'objet s'appelle *idée*; on la nomme *perception* à l'abord, *attention* à la continuë; & *memoire*, quand apres auoir discontinué elle recommence.

3. Si l'on asseure, ou si l'on nie quelque chose de l'objet; cela s'appelle *iugement*.

4. Quand on resoult apres ce jugement, cela s'appelle *volonté*.

Tout cela posé, ie voy nettement que ce que i'entens par le mot d'*Ame*, n'a rien de ce que i'entens par celuy de *Corps*. Et ainsi i'ay lieu de iuger que ce sont deux choses toutes differentes: Ie voy mesme que quand ie voudrois douter de toutes les choses que ie conçoy, quand ie pense au Corps; ie ne pourrois en mesme temps douter de ma pensée. Car qu'il soit faux, si vous voulez, qu'il y ait aucun Corps au monde; il ne peut estre qu'il n'y ait aucune pensée, tandis que ie feray pensant. Or comment puis-je croire que ma *pensée* soit la mesme chose que ce que i'appelle *Corps* ? veu que ie puis suppofer qu'il n'y a point de Corps, & que ie ne puis suppofer que ie ne pense pas, la suppofition mesme estant vne pensée.

Ainsi ie connois, Premierement que l'Ame, ou ce qui pense, est different du Corps.

Secondement ie voy que l'argument de l'Ame est indubitable, & que, iusques icy, il n'y en a point qui m'asseure du Corps. Car enfin pourquoy me persuader que i'ay maintenant vn corps estendu de cinq pieds ? I'ay fongé quelquefois que i'en auois vn composé de tant de parties ; que leur étenduë estoit de plus de cent pieds, & mesme qu'il touchoit aux nuës. Qui m'asseurera dis-je maintenant du peu qui me semble rester de ce grand corps ?

C'eſt (me diriez vous) que vous le ſentez ? Mais ie ſentois les cent pieds comme ie ſens les cinq : Et enfin pour ne point trop écouter mes rêueries, ceux qui ſentent encore du mal au bout des doigs quand on leur a coupé la main, ne s'imaginent-ils pas (quoy que tout eueillez) qu'ils ont des parties étenduës, où ils n'en ont point ; & cela eſtant, ie demande encore vn coup où eſt la certitude que i'ay de l'étenduë où ie croy maintenant en auoir ; ſi toute la raiſon que i'ay de le croire, eſt que ie le ſens.

Ie ſuis bien aſſuré que ie penſe auoir vn corps dont les parties ſont étenduës iuſques à certains termes, mais ie ne ſuis pas conuaincu de l'auoir, comme ie ſuis conuaincu que ie le penſe. Ainſi ma penſée demeure certaine, tandis (qu'à parler en Philoſophe) ce que ie croy de mon corps, reſte fort douteux, & quand meſme ce

Corps que ie m'imagine auoir, ne seroit point ; ie ne cesserois pas d'estre quelque chose tandis que ie serois pensant. Car de mesme que celuy à qui l'vn a coupé la main, conserue les mesmes pensées qu'il auoit, à l'occasion de ses doigts, puisqu'il les sent comme s'il les auoit encore ; ie pourrois auoir perdu tous les membres l'vn apres l'autre, & continuer de croire que ie les ay tous encore.

Il peut estre donc que ie pense auoir vn corps, sans auoir effectiuement aucune étenduë, mais il ne peut estre que ie le pense, sans auoir effectiuement vne pensée.

I'en ay, ce me semble, assez dit pour montrer que l'on peut bien plus raisonnablement douter du Corps, que ceux dont i'ay parlé ne doutent de l'Ame. Mais afin de ne point broüiller auec eux ; comme ils m'ont dit souuent qu'ils ne vouloient point s'arrester à ce qui les faisoit douter de l'Ame, & que sans tant peser tout ce qui la regarde, ils s'en vouloient tenir à la foy toûjours plus seure que la lumiere naturelle, ie veux de mon costé ne plus penser aux raisons qui m'ont fait douter du Corps, & me representer continuellement celles que la foy me fournit pour m'en asseurer.

Par exemple, ie me representeray que Dieu s'est fait homme comme moy; & comme il est de foy qu'il auoit vn veritable corps ; ie croiray que i'en dois auoir vn, puis qu'autrement il n'auroit pas esté homme comme moy : & au lieu que l'Ame est à quelques vns vn article de foy, ie m'en veux faire vn du Corps, & raisonner sur ce fondement plus seur que tous les autres.

Ie diray donc à l'auenir que i'ay vne ame, parce que cela m'est éuident par la lumiere naturelle, &
parce

que la foy m'en asseure : Pour le Corps; ie diray que i'en ay vn, parce qu'encore que cela ne me soit pas euident par la lumiere naturelle, il me suffit de la foy pour m'empecher d'en douter.

Mais ce n'est pas assez de sauoir que i'ay vn Corps & vne Ame, pour me bien connoistre. Il faut que ie tasche à bien démeler toutes les choses qui m'appartiennent comme ayant vn Corps, d'auec celles qui m'appartiennent comme ayant vne Ame.

2. Il faut que i'examine comment ie suis tout ce que ie suis par leur vnion, & comment ils agissent l'vn sur l'autre.

3. Puis ie verray si entre les Corps qui entourent le mien, il y en a quelques-vns, ausquels ie doiue iuger que des ames soient vnies; & s'il y en a quelques autres ausquels ie ne sois pas obligé d'en attribuer.

N

Pour commencer par l'examen de moy-mesme, & voir ce qui m'appartient comme ayant vne Ame.

La pensée. Ce que i'ay déja obserué de la nature & des auantages de l'Ame, me fait connoistre que, si ie pense de quelque façon que ce soit ; c'est que i'ay vne Ame.

Les idées. Les Perceptions. L'Attention. La Memoire. Si ie conçoy diuersement les differens objets ; si dés l'abord i'en apperçoy quelque chose ; si pour les mieux connoistre ie les considere plus long-temps ; si apres auoir discontinué ie recommence : En vn mot, si i'ay des *idées*, des *perceptions* de *l'attention*, & de la *memoire* ; c'est que i'ay vne Ame.

L'intelligence. Si ie considere mes pensées ou celles des autres, par quelque raison qu'elles me soient manifestées ; si ie considere la verité, & tant d'autres choses, qui ne tiennent rien de l'étenduë, de la figure, ny du mouuement : En vn mot, si ie suis capable de *conceuoir les choses purement intelligibles* ; c'est que i'ay vne Ame.

Si au contraire ie considere les choses qui dépendent de l'étenduë, de la figure, & du mouuement : En vn mot, si ie suis capable *d'imaginer* ; c'est que i'ay vne Ame. *L'Imagination.*

Si en considerant vn objet ou corporel, ou spirituel, i'asseure que certaines choses luy conuiennent, ou si ie le nie : En vn mot, si ie fais des *iugemens* ; c'est que i'ay vne Ame. *Les Iugemens.*

Si ne connoissant pas tout ce qu'il faut connoistre des choses, ie n'ose en iuger, & demeure en suspens, iusques à ce que ie les connoisse : En vn mot, si ie *doute* ; c'est que i'ay vne Ame, & vne Ame àlaquelle il manque quelque chose. *Les doutes.*

Les er-
reurs.
Si me precipitant, & fans que ie connoiſſe tout ce qu'il faudroit connoiſtre de la choſe, ie iuge qu'elle eſt ce qu'elle n'eſt pas, ou qu'elle n'eſt pas ce qu'elle eſt en effet : En vn mot, ſi ie ſuis ſujet à *l'erreur* ; c'eſt (comme ie l'ay dit) que i'ay vne Ame, & vne Ame à laquelle il manque quelque choſe.

La li-
berté des
iugemēs
Que ſi d'autres fois pour éuiter les erreurs ie m'empeche de iuger des choſes iuſques à ce que ie les connoiſſe parfaitement : ſi i'éprouue d'vn coſté, que ie ne puis tout connoiſtre, & qu'en cela il manque quelque choſe à mes lumieres naturelles : Et ſi par des experiences naturelles i'éprouue d'vn autre coſté, que i'ay la force d'arreſter mes iugemens, iuſques à ce que ie ſois parfaitement inſtruit, & de n'en point donner du tout, quand ie ne le puis eſtre : En vn mot, ſi ie ſuis *libre dans mes iugemens*, c'eſt que i'ay vne Ame,

Si ie refous apres mes iugemens *Les volontez differentes.* de faire ou de ne pas faire ; de faire vne chofe ou l'autre ; & d'agir d'vne maniere, ou conforme, ou contraire à ce que ie fay que ie dois faire : En vn mot, fi i'ay vne *volonté* capable du bien, ou du mal, c'eft que i'ay vne Ame.

S'il y a mille chofes que ie ne *La liberté de volonté.* puis entendre, & s'il n'y en a point de fi excellente, ny de fi grande que ie ne puiffe vouloir, & fi dans cette difproportion, qu'il y a entre le pouuoir, que i'ay de vouloir, & celuy que i'ay d'entendre, i'éprouue en moy la force de ne vouloir qu'apres que i'ay bien connu, ou de vouloir auant mefme que d'auoir bien connu : Tout cela m'apprend (outre bien des chofes que ie n'explique pas icy) que i'ay de la *liberté dans mes volontez* auffi bien que dans mes iugemens. Et ie n'ay cette liberté que parce que i'ay vne Ame.

DE LA DISTINCTION

L'amour.

Si confiderant vn chofe comme bonne ie m'vnis à elle de volonté, c'eſt à dire, ſi ie veux tout, ſuiuant ce qui conuient à cette choſe : En vn mot, ſi *i'ayme* ; c'eſt que i'ay vne Ame.

La hayne.

Si confiderant vne choſe comme contraire à celle que i'ayme, ie m'en ſepare de volonté, c'eſt à dire ſi ie veux tout ce qui luy eſt contraire : En vn mot, ſi ie *hais* ; c'eſt que i'ay vne Ame.

La ioye.

Si voyant que tout eſt le mieux, qu'il puiſſe eſtre, pour la choſe que i'ayme ; & que tout eſt le plus mal qu'il puiſſe eſtre, pour celle que ie hais, i'éprouue vn extreme plaiſir : En vn mot, ſi i'ay de la *ioye* ; c'eſt que i'ay vne Ame.

La triſteſſe.

Si voyant que tout, ou du moins quelque choſe eſt contraire à ce que i'ayme; & que tout, ou quelque choſe arriue conuenablement à ce que ie hais, i'éprouue quelque déplaiſir ;

En vn mot, si i'ay de la *tristesse*; c'est que i'ay vne Ame.

Si l'amour me faisant tout vouloir conuenablement à ce que i'ayme, & si la haine me faisant vouloir tout ce qui est contraire à ce que ie hays, ie viens à considerer qu'il seroit bon pour ce que i'ayme, & fort mauuais pour ce que ie hays, que certaine chose qui n'est pas encore, fust, & qu'vne autre chose qui est ou qui peut estre, ne fust pas, ie viens à souhaiter que cela arriue, ou n'arriue pas : En vn mot, si i'ay *des desirs & de la crainte*; c'est que i'ay vne Ame.

Les desirs.
La crainte.

Ainsi ie reconnois que si i'ay des idées, des perceptions, de l'attention, de la memoire, de l'intelligence, de l'imagination, si ie forme des iugemens, si i'ay des doutes, si ie suis suiet à l'erreur; si i'ay des volontez differentes, si ie suis capable du bien & du mal, si ie suis libre, si i'ay de l'amour, de la hayne, de la ioye, de la tristesse, des desirs, & de la crainte, c'est que i'ay vne Ame, & ie suis asseuré que ces choses m'appartiendroient toutes, quand ie ne serois qu'vne Ame.

Apres auoir examiné ce qui m'appartient à cause de l'Ame, il faut voir ce qui m'appartient à cause du Corps.

La figure, le mouuement, & les organes en general.
Ce que i'ay déja obserué des appanages du Corps, me fait connoistre que si ie remarque de la figure, du mouuement, & des organes differens en moy, c'est parce que i'ay vn Corps.

La nourriture.
Si i'ay vn cœur où le sang s'échauffe, si i'ay des arteres, où il coule, si ces arteres ont des pores par où des parties de ce sang s'échapent : si i'ay des chairs où ces particules s'arrestent pour en accroistre la masse : En vn mot, *si ie me nourris* ; c'est que i'ay vn Corps.

DV CORS ET DE L'AME. 153

Si des parties de ce sang plus *Le cours des ef-*
meuës, & plus subtiles que les au- *prits au*
tres, montent comme vne fumée, *cerueau.*
de l'endroit que i'appelle mon
cœur, à celuy que ie nomme mon
cerueau, par vne artere qui les em-
pesche de se dissiper en allant de
l'vn à l'autre.

S'il y a des cauitez dans mon *Leur*
cerueau, où cette foulle de petits *passage*
Corps, que l'on nomme les esprits, *nerfs.*
tourne en mille façons diuerses,
iusques à ce que quelque chose leur
faisant ouuerture, ou déterminant
leur cours plus fortement d'vn costé
que d'autre, leur donne moyen de
s'ouurir vn passage dans mes nerfs,
c'est à dire entre ces filets deliez,
qui, composez de la substance de
mon cerueau, s'allongent iusques
aux extremitez de mes membres,
auec les mesmes enuelopes qui
seruent à les conseruer dans la
teste.

Si mes nerfs rassemblez comme

Leur passage dans les muscles. Le Mouuement des mēbres. des cordons en quelques endroits, & comme des tissus en d'autres, se diuisent pour se méler à certaines chairs étenduës en filets tres-deliez, & se rejoindre vers l'extremité opposée à celle par laquelle ils s'y sont introduits pour y répendre les esprits ; & si les esprits épendus dans tous les filets de ce composé de nerfs & de chair que l'on appelle Muscle, les r'accourcissent ; de sorte que les deux extremitez se rapprochant vers le milieu, elles tirent les membres auſquels elles sont attachées.

Le transport de tout le Corps. Enfin si tous mes Muscles sont disposez de telle façon, que l'vn d'eux ayant toûjours communication auec vn autre, ce qu'ils ont d'esprits passe de l'vn à l'autre, selon qu'ils y sont déterminez par de nouueaux esprits qui descendent incessamment du ceruau : En sorte que par ces tours & ces retours, quelques fois lents, & quelques fois precipitez , ils tirent l'vn de

DV CORPS ET DE L'AME. 155
mes membres, & souuent tout
mon corps, tantost vers vn costé,
& tantost vers vn autre : En vn
mot, *si ie suis transporté d'vn lieu
en vn autre* ; c'est que i'ay vn Corps.

Si ce cours des esprits estant assez La veille
abondant, tient les cauitez de mon
cerueau si bien ouuertes, & les filets
de mes nerfs si bien tendus, que ce
qui touchera les extremitez de mon
Corps, en poussant vn de ces filets,
remuë mon cerueau à l'endroit d'où
naist ce mesme filet ; & qu'à l'occasion de ce mouuement, d'autres
esprits soient determinez à passer à
des endroits où ils n'auroient pas
passé sans cela : En vn mot, si ie
veille ; c'est que i'ay vn Corps.

Si quelques fois ces mesmes es- Le som-
prits estans épuisez, & ne montant meil.
plus, ny auec assez de force, ny en
assez grande quantité, les parties
de mon cerueau viennent à s'affais-
ser, & les filets de mes nerfs à se
détendre ; en sorte qu'il n'y ait

plus que ceux, qui enuoyent des esprits aux muscles, qui seruent à entretenir ces battemens, par lesquels la poitrine, se haussant & se baissant, fait entrer l'air dans les poulmons, ou l'en chasse, c'est à dire, *si ie dors, & si en dormant ie respire* ; c'est que i'ay vn Corps.

L'assoupissemēt. Si quelques fois ces gros nerfs dont les filets se respandent dans le fonds de mon œil, estant plus détendus, que ceux qui vont abboutir à mon oreille ; soit parce qu'ils ont esté plus exercez, soit parce que le cœur commençant d'enuoyer moins d'esprits, qu'il n'en faut pour enfler vn nerf aussi large, que le nerf optique, en enuoye encore assez pour tenir tendus les filets du nerf de l'oreille (qui est bien plus estroit ;) il arriue que ce qui touche mon oreille, transmette son action iusques dedans mon cerueau, tandis que mes paupieres déja fermées, & tous les nerfs de mon œil affaissez, ne transmettent plus au-

DV CORPS ET DE L'AME. 157
cun mouuement au cerueau par cét
organe : En vn mot, si quelques
fois *ie dors à demy* ; c'est que i'ay
vn Corps.

Si quelques fois l'abondance des *L'yureſ-*
eſprits, la figure qu'ils ont, ou la *ſ...*
matiere dont ils ſont formez, leur *Les conuul-*
donnant plus de force à pouſſer les *ſions,*
cauitez de mon cerueau, qu'il n'en *&c.*
a pour les retenir, ils vont teme-
rairement heurter tout à coup mille
endroits du cerueau, forcer les en-
trées des organes, & couler dans
les muſcles, où conſeruant la meſme impetuoſité, ils entrent & reſ-
ſortent de l'vn dans l'autre, tirant
tumultuairement mes membres en
mille façons, qui n'ont rien de dé-
terminé : Bref *ſi i'ay des conuul-
ſions, ſi ie ſuis yure, ſi i'ay la fie-
ure*, ou quelque autre mal violent ;
c'est que i'ay vn Corps.

Si mon cœur, ou les autres vaiſ- *La mort*
ſeaux, qui contiennent mon ſang,
ou mes eſprits, ſont ouuerts, de

sorte qu'ils ne puissent plus arrester cette liqueur, ou cette fumée : Si ie manque des alimens qui les peuuent reparer, ou si ie me rencontre en des endroits où les Corps voisins trop émeus, ou trop arrestez, donnent trop, ou trop peu de mouuement au sang ou aux esprits : En vn mot, *si ie meurs* d'vne blessure, de faim, ou de froid, ou de chaud ; c'est que i'ay vn Corps.

Ainsi ie reconnois que si ie me nourris, si ie suis remué, si ie veille, si ie dors, si ie me porte bien ou mal, enfin si ie meurs ; c'est que i'ay vn Corps.

Cette discussion est capable toute seule, de me persuader : Car il suffit de rendre compte exactement de toutes choses par mon Corps, pour m'asseurer qu'elles arriuent par luy seulement. Mais outre cela, ie voy qu'il n'y a que luy, à qui tout ce que ie viens d'examiner, puisse conuenir, &

que l'Ame n'y a point de part.

Veritablement, elle s'intereſſe fort à tout ce qui concerne le Corps, c'eſt à dire, elle ſouhaite qu'il ſoit toûjours en eſtat d'eſtre meu facilement : Mais ie connois bien que cét eſtat ne dépend point de ma volonté. Le cours de mes eſprits n'eſt pas toûjours auſſi reiglé que ie le voudrois : Ie dors quelques fois, & quelques fois ie veille contre mon gré ; & ces tranſports, ou d'humeurs, ou d'eſprits, qui ſe font ſouuent auec des reuolutions ſi dangereuſes, & ſi ſubites, apprennent à mon Ame qu'elle n'eſt pas la maiſtreſſe de leur mouuement. Ils finiront peuteſtre pluſtoſt qu'elle ne voudra ; & quand le deſeſpoir la pouſſeroit à ſouhaiter la diſſolution de mon Corps, il ne luy ſuffiroit pas de la ſouhaiter ; il faudroit expoſer mon Corps à d'autres Corps, dont le mouuement puſt ruiner cét arrangement de parties, ou ſolides, ou liquides, qui fait durer ma vie, autrement elle dureroit malgré moy.

Plus i'y penfe & plus ie reconnois, que ce merueilleux rapport de tant de parties, qui compofent mon Corps, ne dépend pas de ma penfée : il dépend des autres Corps qui l'enuironnent, & fait vne partie fi neceffaire de l'vniuers, qu'il dépend abfolument du cours de toute la matiere.

Ie voy bien qu'il eft fait d'vne maniere à fe pouuoir conferuer quelque temps ; i'ay des os affez folides pour foutenir fa maffe contre le poids de l'air ou de l'eau ; & i'ay vn cerueau dont la confiftance, & la difpofition font telles, qu'à l'afpect des objets qui luy feroient nuifibles, & des lieux où des Corps plus pefans que l'air & l'eau, le pourroient opprimer ; Il s'ouure par des endroits qui laiffent couler des efprits dans les mufcles, qui feruent à le reculer de ces lieux & de

& de ces objets dangereux. Mais ie voy bien aussi que quand mon Ame, ne s'apperceueroit pas de ces choses funestes, toutes le parties de mon Corps sont arrangées de sorte, que suiuant les loix de la mecanique, cela arriue aussi necessairement, qu'il arriue à vn Ayman de se reculer d'vn autre Ayman, lors qu'on luy en presente vn certain costé. I'éprouue mesme quelquesfois, que i'ay bien de la peine à ne pas ceder aux mouuemens, ausquels la disposition des organes les fait tous conspirer pour le salut de toute la machine à laquelle ie suis vny, & de laquelle ie ne suis maistre que d'vne façon si empruntée, que cette puissance m'échape presque à tous momens, & m'oblige souuent à reconnoistre, & mesme à reclamer vne puissance superieure.

Mais pour ne point sortir de moy-mesme, apres auoir examiné separément ce qui m'arriueroit, quand ie ne ferois qu'vn Corps, & ce qui m'arriueroit quand ie ne ferois qu'vn Efprit ou vne Ame (car, ainfi que ie l'ay déja remarqué, c'eft icy la mefme chofe) il me refte, pour acheuer de me bien connoiftre, d'examiner ce qui m'appartient à caufe de leur vnion.

I'ay reconnu par d'autres meditations, que deux chofes font vnies dés qu'elles ont entre elles vn rapport fi neceffaire, que l'vne fuiue les déterminations de l'autre.

I'ay reconnu, par exemple, que deux Corps font vnis, autant qu'ils le peuuent eftre, quand leurs étenduës fe touchent mutuellement, & auec vn tel rapport, que l'vn fuiue neceffairement les déterminations de l'autre.

I'ay auffi reconnu que deux Efprits feroient vnis autant qu'ils le peuuent eftre, fi leurs penfées fe manifeftoient mutuellement, & auec vn tel rapport, que l'vn fuiuift neceffairement les déterminations de l'autre.

Et ayant enfin reconnu par ces exemples, que l'vnion des chofes ne fe fait que par ce qu'elles ont de rapport; il m'a efté facile de iuger que fi vn Corps & vn Efprit font vnis, ce n'eft pas par le rapport de deux étenduës, puifque l'Efprit n'en a point, ny par le raport de deux penfées, puifque le Corps n'en a pas.

Mais fans repeter icy ce que i'en ay dit plus precifement dans le cinquiefme difcours; ie m'arrefteray fimplement à la conclufion que ie tirois de ces obferuations, qui eft, que fi vn Efprit dont la nature eft de penfer, à quelques penfées aufquelles vn Corps puiffe auoir du rapport par fon étenduë, fon mouuement, ou autre chofe de fa nature; par exemple, fi de ce que cét Efprit veut que ce Corps foit meu en certain fens, ce Corps eft telle-

O ij

ment difposé qu'en effet il y foit meu ; ou fi de ce qu'il y aura certains mouuemens en ce Corps, il vient de certaines perceptions en cét Efprit, on pourra affeurer (par quelque puiffance qu'ils ayent efté ainfi difpofez) qu'ils font vnis ; & tandis qu'ils auront ce rapport entre eux, on pourra dire que leur vnion continuë.

Or ie n'ay maintenant qu'à m'appliquer toutes ces chofes. Et comme ie reconnois, qu'il y a vn certain corps entre les autres, qui eft meu dés que mon Ame a fouhaité qu'il foit meu; que d'ailleurs il n'ariue prefque aucun changement en ce Corps, dont mon Efprit ne s'apperçoiue ; & que ie ne me puis empefcher d'auoir ces perceptions ; ie dois conclurre que ce Corps eft vny à mon Efprit, & tant que ce rapport qui fe trouue entre quelques-vns de fes mouuemens & de mes penfées, durera; ie deuray croire que leur vnion dure.

Cela posé, ie n'ay plus qu'à faire reflexion sur ce qui m'arriue à cause de cette vnion. Et pour le connoistre, il faut que i'examine, si certaines choses que i'éprouue tous les iours en moy, & que ie n'ay point mises au rang de celles qui m'appartiennent, comme estant vn Esprit, ou de celles qui m'appartiennent comme estant vn Corps, sont telles, qu'en effet elles ne me pussent conuenir, si ie n'auois à la fois vn Corps & vne Ame. Car si entre toutes celles que ie n'ay pas encore examiné, il s'en trouue quelqu'vne qui peust m'appartenir, si ie n'auois qu'vn corps, ou si ie n'auois qu'vne Ame ; il ne faudroit point croire qu'elle me vinst de ce que i'ay l'vn & l'autre ensemble. Mais si elles se rencontrent telles, que le Corps seul ou l'Ame seule n'en puisse estre le sujet ou la cause toute entiere, il faudra l'attribuer à leur vnion.

Pour commencer cette discussion & la faire aussi exactement que le sujet le merite. Ie considereray qu'en obseruant les diuers changemens, qui arriuent dans mon Corps, j'ay reconnu qu'il n'a besoin, que de son étendue, de la figure de ses parties, de leur arangement, & de la disposition de ses organes, pour estre nourry, & pour estre meu. En effet i'ay trouué que la nourriture du Corps ne sefait que par l'addition de quelques parties du sang, qui s'étant échauffé dans le cœur, est porté par les arteres en differents endroits : que de tout le sang qui coule dans les arteres, il n'en demeure precisément en chaque membre que celles qui sont propres à l'augmenter ; & que si ces parties du sang s'arrestent si iustement, où elles peuuent seruir, ce n'est pas par aucun choix qu'elles fassent ; mais seulement parce qu'estant toutes de tres-differentes figures, & tendant à sortir des arteres, à cause qu'elles sont incessamment poussées par le noueau sang qui sort du cœur, il faut necessairement que chacune s'échape dés qu'elle trouue des pores ajustez à sa figure : Et comme l'autheur, à qui ie dois la structure de mon corps, a fait les pores de mes arteres differens, selon la difference des membres où elles se trouuent, il faut necessairement, & selon les loix de la mecanique, qu'il ne demeure en chacun que les particules qui luy sont propres.

De mesme i'ay trouué que le mouuement ne se fait, que par les plus delicates parties de ce mesme sang, qui estant plus échauffées, que les autres, montent au cerueau, ou, forçant des passages estroits, & se demélant de toutes celles qui sont plus grossieres, elles composent les esprits qui coulent, selon qu'ils sont diuersement dirigez, tantost par vn nerf, & tantost par vn autre dans les differens muscles qui peuuent seruir ou à reculer mon corps, ou à l'approcher de certains endroits selon qu'il luy est conuenable.

Mais il me semble que, pour conceuoir cela plus distinctement, i'ay besoin de faire encore icy quelques reflexions. Et premierement que mon cerueau est d'vne substance assez molle pour receuoir auec facilité differentes impressions: mais que cette substance, toute molle qu'elle est, n'est pourtant pas si fluide qu'elle n'ait quelque consistence.

Secondement, que mes nerfs, n'estant qu'vn allongement de mon cerueau, dont la substance & les enuelopes sont étenduës jusques aux extremitez de mon corps; tout ce qui l'enuironne ne peut toucher leurs bouts exterieurs, qu'aussi-tost leurs autres bouts interieurs ne soient ébranlez dans le cerueau, & que cet ébranlement est different au dedans, selon que les objets poussent diuersement les parties au dehors.

En troisiéme lieu, que les esprits qui remuent dans mon cerueau, comme

DV CORPS ET DE L'AME. 169
comme les vapeurs de quelque liqueur enfermée dans vn Eolipile, sont diuersement agitez, selon que le cerueau est diuersement ébranlé.

En quatriéme lieu, que selon que cette agitation des esprits est differente, ils vont heurter tantost vn endroit du cerueau, & tantost l'autre : & que selon la disposition des pores, ils s'insinuent dans vn nerf, ou dans vn autre, qui les conduit dans les muscles du bras, dans ceux du pied, ou de toute autre partie qui répond aux endroits par où ils sont sortis du cerueau.

Ainsi, lorsque les rayons du Soleil, ou ceux d'vn flambeau refléchissant d'vn objet, s'insinuent dans mes yeux, & vont ébranler les filets du nerf optique qui sont épendus dans la retine ; cét ébranlement de chaque filet passant de l'extremité du dehors à celle du dedans, y remuë le cerueau diuersement, selon que l'ob-

Ce que c'est que voir, à ne considerer que le corps.

P

jet est nuisible, ou conuenable à mon corps.

De sorte que s'il est nuisible, l'ébranlement est tel, suiuant la proportion que l'ouurier admirable qui l'a fait, a mise entre luy & tous les autres Corps, que les esprits dont il est plein, l'ouurent par les endroits respondans aux muscles, qui seruent à transporter tout mon Corps d'vne maniere qui les détourne de l'objet ; & au contraire, si l'objet est vtile, le cerueau s'ouure par les endroits qui laissent couler les esprits dans les muscles, qui seruent à transporter mon Corps vers l'objet.

Ce que c'est que ouyr. De mesme, si l'air qui est diuersement agité, selon la difference des Corps qui le poussent en se poussant les vns les autres, venant à rencontrer la membrane qui est tenduë dans le fonds de mon oreille, excite les nerfs qui y respondent d'vne certaine maniere ; mon cer-

DV CORPS ET DE L'AME. 171
ueau s'ouurira de sorte que les esprits couleront où il est besoin qu'ils aillent, pour aprocher, ou reculer mon Corps de ceux dont le frapement a donné cette agitation à l'air.

Ie conçois aussi que si certaines petites particules se détachant des roses, s'insinuent dans les narines, & vont émouuoir certaines parties du cerueau, qui respondent à l'os cribreux ; le cerueau, les esprits, & les muscles pourront estre incontinent disposez de sorte que tout le Corps auancera vers les lieux où sont les roses.

Ce que c'est que odorer.

Enfin il pourra estre que sans l'entremise de la lumiere, de l'air, ou des petites particules, les Corps qui enuironnent le mien, en émouueront les parties par eux-mesmes ; & en ce cas, selon les differentes émotions qu'ils causeront au dehors, & qui se continueront par l'entremise des nerfs iusques au

Ce que c'est que toucher.

Ce que c'est que gouster.

P ij

dedans du cerueau, il s'ouurira diuersement selon qu'il sera necessaire, ou de s'vnir plus fortement à ces objets, ou de les rejetter, soit que ces Corps touchent à la langue & au palais, ou a quelques extremitez du corps.

Que si les objets qui agissent sur le cerueau, n'y font aucune impression considerable, cela ne changeant rien en la situation de ses parties ; il ne s'ouurira en aucun endroit qu'en ceux qui ont coûtume d'estre ouuerts pour le chemin des esprits qui seruent à faire battre le cœur & toute la poitrine: Et le reste des esprits demeurant dans les cauitez du cerueau, ils y tourneront comme des vapeurs enfermées dans vn Eolipile, qui sont toûjours prestes à s'échaper par quelque ouuerture qu'on leur fasse.

Et ces choses sont si necessaires, qu'elles doiuent toûjours arriuer ainsi ; si ce n'est que les particules du sang, qui montent du cœur au cerueau, soient plus solides, ou plus échauffées, ou d'vne autre figure qu'il ne faut : Car en ce cas, les parties du cerueau en estant trop ébranlées ne les peuuent contenir, & les laissant couler tumultuairement dans vn muscle, & puis dans vn autre, agitent tout le corps d'vne maniere qui ne l'approche plus des autres Corps, ny ne l'en recule plus, selon qu'ils luy sont nuisibles ou conuenables ; mais selon que les esprits on pris leurs cours, par les passages du cerueau qu'ils ont forcez, dans les muscles qui s'en sont trouuez les plus proches.

Iusques icy il me semble que tout ce que i'ay obserué de mon Corps, luy pourroit arriuer par la seule construction de ses parties, & par le rapport qu'il a auec les autres Corps de l'vniuers.

Ainsi ie pourrois *voir*, c'est à dire, auoir le cerueau émeu par les rayons qui reflechiroient des objets

Ie pourrois *ouyr*, c'eſt à dire, auoir le cerueau émeu par l'air qui feroit pouſſé par des Corps qui le fraperoient.

Ie pourrois *odorer*, c'eſt à dire, auoir le cerueau émeu par les particules qui s'éuaporeroient ou s'exhaleroient de certains Corps.

Ie pourrois enfin *gouſter* & *toucher*, c'eſt à dire, auoir le cerueau émeu par ce qui remueroit les parties de ma langue ou de ma main; Et n'auoir que du Corps.

Ce que c'eſt que la faim, ne conſiderer que le corps.

Ie pourrois auſſi auoir faim, c'eſt à dire, que certaines arteres pourroient laiſſer couler vne eau, coupante comme l'eau forte, dans le fonds de mon eſtomach, laquelle picottant ſes membranes, exciteroit le nerf qui y reſpond, & enſuite le cerueau, de la maniere qu'il le doit eſtre, pour laiſſer couler des

DV CORPS ET DE L'AME. 175
esprits dans les muscles qui pourroient transporter mon corps du costé où seroient les alimens, qui d'ailleurs pourroient émouuoir en mesme temps mon cerueau par l'entremise des yeux ou du nez.

Ie pourrois aussi *auoir soif*, c'est à dire, que certaines exhalaisons seiches sortant des choses qui sont renfermées dans mon estomach, & quelques fois des arteres situées le long de l'œsophage, pourroient s'attacher à la membrane qui s'étend depuis la bouche iusques à l'estomach, & me desseicher le gozier de sorte que les nerfs qui y respondent, agitez pendant cette seicheresse d'vne autre façon qu'il n'est conuenable à mon corps, pourroient exciter mon cerueau aux endroits qui respondent aux muscles, dont l'action le peut conduire vers l'eau, ou vers les autres liqueurs, qui peut-estre en mesme temps émoueroient mon cerueau par l'ébranlement qu'elles causeroient aux nerfs

Ce que c'est que la soif.

P iiij

176 DE LA DISTINCTION
des yeux, du nez, ou de quelque
autre partie de mon corps.

Ie pourrois, dis-je, auoir toutes
ces choses, & n'auoir que le Corps.

Mais il n'est pas possible (ce me
semble) que ie les sente, & que
ie m'en apperçoiue, dés qu'elles arriuent, sans auoir vne Ame, &
sans que cette Ame soit vnie au
Corps que ie nomme le mien.

Et afin d'examiner bien cecy, ie
commenceray par les choses que ie
sens le plus viuement & le plus
distinctement, pour en appliquer
les notions à celles qui pourroient
estre plus confuses, & qu'ainsi ie sois
moins en danger de me tromper.

La dou-
leur.
Si i'ay de la *douleur* lors qu'on
me pique au bout du doigt, ie ne
puis pas dire que cela vienne simplement de ce que ie suis vn Corps.
Car si ie n'estois que cela, ie pourrois à la verité auoir le bout d'vn

doigt entr'ouuert ; le dérangement de ses parties pourroit estre assez grand pour faire passage au sang des veines & des arteres qui y aboutissent ; & les nerfs qui s'y étendent, en estant ébranlez, pourroient communiquer vn mouuement violent & conuulsif à mon cerueau, y troubler le cours des esprits, & les faire couler dans des muscles qui feroient faire d'étranges mouuemens en tout mon corps. Ie conçoy mesme que les esprits pourroient enfler les muscles de la poitrine, de sorte que comprimant le poulmon, ils en chasseroient tout l'air par la trachée-artere, qui, selon qu'elle seroit plus ou moins ouuerte, pourroit causer des sons plus ou moins aigus : Mais cela n'est pas sentir.

Aussi si ie n'auois qu'vne Ame, ie pourrois bien m'apperceuoir de tout ce qui se passe dans le corps que ie viens de décrire, sans prendre aucune part à la destruction de ce Corps ; & n'ayant aucun interest à la conseruation, i'en connoistrois le desordre, comme celuy de quelqueautre machine, sans en receuoir aucune alteration fascheuse : Et cela n'est pas sentir de la douleur.

Mais il est certain que si par la puissance qui a fait ce Corps & cette Ame, ils sont en telle disposition, qu'il y ait vn rapport necessaire entre les pensées de l'vne & les mouuemens de l'autre, en sorte que cette Ame ait interest que les mouuemens de ce Corps soient toûjours iustes, & les organes qui y seruent, bien ordonnez ; elle ne pourra s'apperceuoir de l'estat violent & contraire à l'œconomie de ce Corps qu'auec douleur.

Ainsi, si ie sens de la douleur, ce n'est pas parce que i'ay vn corps seulement, ou parce que i'ay vne Ame seulement ; mais parce que l'vn & l'autre sont vnis.

Il en est de mesme de la volupté *La vo-*
par la raison contraire. *lupté.*

Quant au chatoüillement, la ma- *Le cha-*
niere dont il arriue, m'en fait con- *touille-*
noistre la cause: Car ie voy que quād *ment.*
la mesme pointe qui en entrant dans
l'vne de mes levres, me feroit de la
douleur, passe dessus comme en coulant & sans y apuyer; ie sens cela auec
des émotions telles qu'on les a, lors
qu'on voit vn mal fort prochain,
mais dont on croit estre à couuert.
Car en effet cette pointe semble me-
nacer le Corps de le détruire par l'endroit auquel elle est appliquée, & le
mouuement du cerueau qui commence d'en estre ébranlé, fait craindre à l'Ame ce qui pourroit luy
causer vne extreme douleur ; mais
tout aussi-tost cette pointe quittant
l'endroit qu'elle menaçoit pour
passer à vn autre, & ainsi de suite;
elle est cause (par ces petits ébranlemens qu'elle fait en differentes parties du cerueau, au lieu de ceux
que l'Ame aprehendoit) que l'Ame

conçoit vne volupté contraire au mal dont elle eſtoit menacée. Et c'eſt ce *qu'on appelle chatoüillement*, qui peut eſtre cauſé non ſeulement par vne pointe, mais par vne humeur, ou autre liqueur qui s'épendra ſur vne membrane : Et generalement toute matiere dont les parties ont des figures & des mouuemens tellement proportionnez à l'eſtat du Corps, qu'elle ne les pique, ou ne les meut qu'autant qu'il faut, pour faire craindre la douleur, & pour ne la pas faire ſentir, cauſera le chatoüillement, qui n'eſt autre choſe que le plaiſir que l'Ame a de voir que ce qui meut le Corps, pour lors n'agit pas auſſi fort qu'il ſeroit neceſſaire pour le détruire ; ou de ce que le Corps eſt aſſez robuſte pour y reſiſter. Souuent auſſi il arriue que pour perpetuer ce plaiſir, on frotte l'endroit où quelque humeur chatoüille ; ce qui luy cauſant vn plus grand mouuement, cauſe d'abord vn ſentiment vn peu plus fort, c'eſt à dire, vne volupté plus sensible : Mais enfin le mouuement deuenant trop grand, va iusques à la douleur, d'où vient que dans les demangeaisons si l'on se gratte, on ne sçauroit éuiter vne extreme cuisson.

Maintenant il m'est aisé de reconnoistre de la faim & de la soif, les mesmes choses que i'ay reconnuës de la douleur & de la volupté. Car il est certain que si ie n'auois que le corps, cette liqueur qui coule des arteres pour picoter les membranes de l'estomac, ou ces exhalaisons qui desseichent le gozier, pourroient faire tous les effets qu'elles produisent sur le cerueau, & l'obliger à s'ouurir vers les endroits les plus conuenables, pour faire que les esprits passans dans les nerfs, allassent dans les muscles dont l'action peut transporter le Corps vers les alimens ou vers l'eau : mais cela n'est pas sentir. D'ailleurs vne Ame pourroit s'appercevoir de tous ces mouuemens, soit de l'e-

Le sentiment de la faim & de la soif.

stomach, soit des esprits, soit de tout le corps, sans y prendre part, & cela n'est pas sentir la faim : Mais quand mon ame, qui prend tant d'interest à tout ce qui peut conseruer mon corps en estat de mouuoir commodément, s'apperçoit qu'il a besoin d'aliment pour reparer les esprits dissipez, ou de rafraichissement pour les calmer, ou enfin d'vne liqueur qui fasse couler certaines parties trop arrestées ; elle ressent vne espece de mal, qui est different selon qu'il est causé par le deffaut du manger, ou par celuy du boire.

Or ie dois d'autant plus considerer ces effets de la faim & de la soif, que ie croy que les alimens sont les causes des premieres passions que mon Ame ait ressenties depuis qu'elle a esté vnie au Corps. Et pour le connoistre, il faut que ie fasse vn peu de reflexion en cét endroit sur toutes les choses dont il me semble que celle-cy peut estre déduite.

Il est certain en premier lieu, que l'vnion d'vn corps & d'vne ame, ne consiste, qu'en ce qu'il y a vn rapport si necessaire entre certaines pensées de cette ame, & certains mouuemens de ce corps, que les vns doiuent necessairement suiure les autres.

De cette premiere obseruation, il s'ensuit que mon Ame n'a pû estre vnie à mon Corps, que lors que mon cerueau a eu desja la meilleure partie de l'arangement qui le deuoit rendre propre à ces mouuemens.

Il est certain en second lieu, qu'à ne considerer que le corps, il n'y a que deux choses, qui puissent causer les differens mouuemens du cerueau, sauoir, la difference des esprits qui y montent incessamment du cœur, ou la difference des objets, qui en agitant les nerfs des extremitez, transmettent leur action dans le cerueau.

Par cette seconde obseruation, il il est éuident que si mon corps a esté d'abord dans vn lieu, où la difference des objets ne pust rien changer dans le cerueau par leur action, (comme i'ay occasion de le croire par des raisons que ie n'examine pas maintenant) mon cerueau n'a pû estre disposé, comme il l'estoit, quand mon ame a commencé d'y estre vnie, que par le cours des esprits ; & que ces esprits ne l'ont bien ou mal disposé, qu'autant qu'ils ont esté ou conuenables, ou nuisibles à tout le corps.

Cela posé, ie conçoy nettement que rien ne pouuant estre plus conuenable, ou plus nuisible à mon corps, auant qu'il fust vny à l'ame, que ce qui seruoit à le nourrir ; mon cerueau n'estoit iamais mieux disposé, que lors que quelque bon aliment, ou quelque sang loüable passoit dans le cœur ; car alors il versoit dans les arteres de quoy porter par tout vne bonne nourriture,

ture, & n'enuoyoit au cerueau que des esprits conuenables, qui tournoyant dans le cerueau, n'y ont rencontré aucun endroit dont les pores fussent ajustez à leur figure, que ceux qui répondoient aux muscles voisins des parties dont ce bon aliment ou ce sang loüable venoit dans le cœur : Si bien qu'ils ont coulé dans les muscles, & les ont enflez comme ils le deuoient estre, pour épraindre ces parties, & faire couler vers le cœur le suc dont elles estoient pleines.

Ie conçoy de mesme, que si cét aliment, ou ce sang, ont esté mauuais ; vn effet tout contraire a deu arriuer, c'est à dire, que le cerueau estant plein d'esprits differens de ceux dont ie viens de parler, soit par la grosseur, soit par la figure, ou par l'agitation; il estoit ouuert en d'autres endroits, & laissoit couler ces esprits en d'autres muscles.

Enfin ie conçoy que quoy que ces

effets fussent differens, selon que leurs causes estoient differentes; neantmoins toute la fabrique du cerueau se rapportant à toutes les autres parties, autant qu'il est necessaire pour la conseruation de tout le Corps, les esprits deuoient couler vers les parties d'où venoit l'aliment, ou le sang; tantost pour faire, en les épreignant, qu'elles en enuoyassent dauantage, s'il estoit bon; & tantost pour faire, en comprimant les passages, qu'elles en enuoyassent moins, s'il estoit mauuais.

La cause des premieres passions de l'ame. Et voilà ce qui deuoit necessairement arriuer par la seule construction du Corps. Mais quand l'Ame a commencé d'y estre vnie, il est éuident que cette bonne ou mauuaise disposition du cerueau n'a peu arriuer, qu'elle ne l'ait sentie, & sans éprouuer en mesme temps vne volupté, ou vne douleur telle que maintenant elle la sent lors qu'il arriue quelque chose qui peut estre vtile ou nuisible à mon Corps: Et peut-estre en a-t'elle eu pour lors vn sentiment plus fort qu'elle ne l'éprouue à present, parce qu'elle estoit moins diuertie par les objets: Outre cela, comme elle s'est fort interessée en tout ce qui concernoit mon Corps dés les premiers momens de leur vnion, elle a, sans doute voulu, selon que cét état estoit bon ou mauuais, tout ce qui pourroit faire qu'il continuast ou qu'il cessast : Et comme pour lors tous les mouuemens differens, à l'occasion desquels elle auoit de fascheuses ou d'agreables sensations, venoient seulement (comme ie le viens de remarquer) de la difference des esprits; elle ne souhaitoit rien, que ce qui pouuoit, ou les changer, ou les entretenir : & par ce rapport si necessaire qui se trouue entre ses volontez, & les mouuemens de mon cerueau, il estoit disposé, par la puissance qui les vnit, comme il falloit qu'il le fust pour laisser couler les esprits dans les muscles voisins des parties d'où l'aliment, ou le sang venoit au cœur, afin de l'en exprimer, ou de l'y retenir; tellement qu'outre la disposition naturelle de tout le Corps, qui seule pouuoit produire cét effet, & qui le produisoit auant que l'Ame y fust vnie; cette volonté de l'Ame qui est suruenuë, a esté vne nouuelle occasion au cerueau de s'ouurir, & aux esprits de couler dans les muscles des parties d'où venoit l'aliment, ou le sang, afin de presser ou de retarder son cours, selon qu'il estoit salutaire pour tout le Corps. Ce doit estre là, sans doute, la veritable cause de ses premieres passions ; & cela posé, ie n'en vois aucune dont il ne me semble facile d'expliquer la naissance & les effets.

Ainsi la premiere fois que mon Ame a senty l'Amour comme vne passion, depuis qu'elle est vnie au corps, c'a esté lors qu'il a passé dans le cœur vn nouuel aliment dont les particules montant au cerueau, n'ont composé que des esprits loüables. Car alors elle s'est vnie de volonté à cét aliment, c'est à dire, elle a voulu qu'il continuast de couler dans le cœur; & pour cét effet les esprits ont couru dans les muscles de l'estomach, des intestins & de tous les conduits du chile, & l'ont fait couler abondamment vers le cœur.

Ie ne pense pas me tromper, lors que ie dis que c'est la premiere fois, que mon Ame a ressenty l'amour comme vne passion. Car ie conçoy bien qu'estant separée du Corps, elle pourroit aymer beaucoup, & mesme infiniment, sans que cela se deust appeller passion ; & ie croy ne deuoir icy donner ce nom qu'aux alterations que mon Ame souffre à cause du Corps. Ie croy mesme ne les deuoir pas donner indifferemment à toutes les sensations, bien que toutes soient des changemens qui arriuent entre-elles, à cause du Corps ; Et quoy que ce mot de passion doiue, estant pris generalement, signifier iusques aux moindres changemens; neantmoins on ne l'entend ordinairement que des plus considerables, tels que sont ceux qui arriuent en l'Ame par la subtile agitation des esprits.

D'ailleurs ie dis que quelque bon aliment a dû estre la premiere cause de cette passion, & non pas vn sang loüable ; nommant icy aliment ce qui passe dans le cœur pour la premiere fois, & sang ce qui a déja circulé.

Et il ne faut pas s'estonner de ce qu'elle souffre de plus grands changemens, lors que les esprits sont agitez, que quand les nerfs sont simplement excitez par les objets : car cette agitation des esprits, interesse tout le Corps, qui ne reçoit ses mouuements que d'eux ; & comme c'est à ces mouuements que les penfées de l'Ame ont ce rapport, qui fait toute son vnion auec le Corps; il n'est pas estrange que les changemens qu'elle souffre à l'occasion des esprits, soient les plus considerables de tous ceux qui peuuent arriuer en elle.

Et pour entendre cecy, il faut remarquer, que tout ce qui entre de nouueau dans le Corps, n'en fait point encore partie tant qu'il demeure dans les visceres, qui ne seruent qu'à preparer sa nourriture. Par exemple, vn boüillon ne fait non plus partie de l'estomach, quand il y est descendu, qu'il le faisoit du pot dont on l'a tiré : Et s'il y reçoit quelque changement par les matieres qui s'y mêlent, ou par la chaleur des entrailles; il est certain que la mesme chose luy pourroit arriuer en tout autre vaisseau. On en peut dire de mesme, lors qu'il passe dans les veines lactées, & enfin dans ce conduit qui le meine iusques au cœur : Mais quand il a passé dans le cœur, & qu'il y a receu vn dernier changement, qui l'a rendu propre à reparer les organes, ou les esprits; il commence à deuenir vne partie necessaire & veritable du Corps. D'où il resulte que tandis qu'il est dans l'estomach, dans les veines lactées, & dans le conduit du chile, on ne peut pas dire qu'il soit effectiuement vny à l'Ame; mais elle peut bien s'vnir de volonté à cét aliment, c'est à dire, vouloir qu'il deuienne effectiuement vne partie du Corps auquel elle est déja vnie : au lieu qu'elle n'a pas occasion de vouloir la mesme chose, à l'égard du sang qui a circulé : Car comme il luy est vny par effet autant qu'il le peut estre, elle n'a pas sujet de s'vnir à luy de volonté, & ainsi s'il est capable de luy causer quelque passion, ce doit estre vne autre passion que l'amour.

Ie dis, enfin, que s'estant vnie de volonté à cét aliment, c'est à dire (suiuant que la nature de l'amour,

mour, qui fait que l'on veut toutes choses conuenablement à ce qu'on ayme) ayant voulu que cét aliment qui estoit conuenable au Corps qu'elle ayme, continuast de couler dans le Corps; il est arriué que les esprits ont couru dans les muscles de l'estomach & des conduits, par où les choses qui arriuent de nouueau dans le Corps, ont coûtume d'aller au cœur, pour en faire couler ce suc auec plus d'abondance; ce qui me semble assez clair pour n'auoir pas besoin de m'y arrester dauantage. Mais ie dois prendre garde que comme ce suc n'auoit point encore entré au cœur, ses parties estant plus grossieres, & moins attenuées que celles du sang qui a déja circulé; elles ont deu s'y mouuoir auec moins d'effort: ainsi la chaleur a deu croistre en l'estomach, & mesme en la poitrine, à cause des conduits par où le nouueau sang est obligé de passer, suiuant l'ordre de la circulation, pour aller du ventricule droit, au ven-

R

tricule gauche du cœur.

Enfin comme toute la liaison du Corps & de l'Ame (suiuant ce que i'ay dit, & qui ne se peut trop repeter) consiste dans le rapport des pensées de l'vne & des mouuemens de l'autre ; & que ce rapport est tel, que dés qu'vne pensée a esté iointe à vn mouuement du cerueau, iamais l'ame n'a cette pensée, par quelque occasion que ce soit, que ce mouuement ne soit excité de nouueau ; Il s'ensuit que le premier amour ayant eu pour objet vn suc alimentaire, dont le cours ne pouuoit continuer sans les mouuemens du cerueau, de l'estomach, des intestins, du cœur & de la poitrine ; ces mesmes mouuemens ne manquent point d'estre excitez dans le Corps, dés que l'Ame ressent la mesme passion, pour quelque objet qu'elle la ressente,

En effet, on sent en cét estat que le battement du poux est plus grand

& plus égal que de couſtume, qu'vne douce chaleur coule dans la poitrine, & que la digeſtion ſe fait promptement dans l'eſtomach. Ce qui arriue, par ce que le nouueau ſuc eſtant pouſſé auec force de l'eſtomach, & des inteſtins, le cœur enuoye du ſang dont les parties ſont plus groſſieres & plus agitées qu'à l'ordinaire dans toutes les arteres, d'où vient que le poux eſt plus grand: mais comme les parties de ce nouueau ſuc ſont plus égales que celles du ſang ordinaire, par les raiſons que j'expliqueray incontinent, le poux des arteres eſt égal: Enfin il eſt éuident que le cœur enuoyant pour lors des eſprits plus forts & plus agitez vers le cerueau, ces eſprits doiuent fortifier l'impreſſion de l'objet aymé dans le cerueau, c'eſt à dire, qu'eſtans propres à faire continuer la diſpoſition du cerueau, qui accompagne la paſſion, où eſt l'Ame, quand elle ayme quelque objet; ils font que la penſée de l'objet ſe fortifie

R ij

aussi ; & que l'Ame s'y arreste dauantage. Ainsi tant que l'Ame est vnie au Corps, elle ne peut aymer aucun objet, qu'aussi-tost les esprits du cerueau, & les autres parties du Corps, qui ont la première fois excité en elle vne semblable pensée, ne soient excitez par cette pensée, & ne seruent ensuite à la fortifier.

La baye. Que si quelque fois, au lieu d'vn bon aliment, il est venu de l'estomac & des veines lactées, vn suc dangereux au cœur & au reste du corps; il faut considerer que quand mesme il n'y a eu que le corps, le cerueau s'est disposé de sorte, que quelques esprits ont coulé vers les muscles de ces mesmes parties, non plus comme il falloit pour les épreindre, & en faire couler le suc vers le cœur; mais au contraire, pour empescher que ce mauuais suc y fust porté, & souuent pour faire que l'estomach s'en déchargeast en le vomissant (ce qui pourtant n'a pû arriuer dans ces premiers temps :)tandis que d'autres esprits ont coulé vers les petits muscles voisins de la ratte, & vers la partie inferieure du foye, où est la bile : tellement que le sang & l'humeur de ces deux parties, en sont sortis auec abondance ; & se mêlant au sang du rameau de la veine-caue, dans le cœur, ils ont causé de grandes inégalitez dans ses battemens & dans le poux des arteres : car le plus gros sang de la ratte s'échauffant difficilement, & celuy du fiel s'échauffant fort viste, ils ont deu produire des esprits fort inégaux, & des mouuemens extraordinaires dans le cerueau.

Or ces mouuemens qui, quand il n'y auoit que le Corps, estoient excitez dans le cerueau, à l'occasion d'vn mauuais aliment ; n'y ont pû estre excitez lors que l'Ame a esté vnie au Corps, qu'elle n'en ait eu vne fascheuse sensation, & sans qu'elle ait eu de la hayne pour cét ali-

R iij

ment, c'est à dire, qu'elle ne s'en soit separée de volonté, & n'ait voulu tout ce qui pouuoit empescher qu'il ne deuinst vne partie du Corps auquel elle est vnie. Ainsi outre la disposition naturelle du Corps, suiuant laquelle le cerueau se deuoit ouurir aux endroits par où les esprits pouuoient couler & dans les muscles, dont l'action pouuoit empescher que ce mauuais aliment ne vinst iusqu'au cœur, ou faire que l'estomach s'en déchargeast; & vers les visceres, d'où il pouuoit venir vn aliment moins nuisible; il est arriué, lors que l'Ame a esté vnie au Corps, qu'elle a voulu que cela fust, ce qui a fait que toutes choses s'y sont plus fortement disposées, à cause du rapport que les mouuemens du cerueau ont auec ses volontez : Et cette pensée qu'elle a euë en cette premiere haine, s'est tellement iointe à tous les mouuemens qui l'ont excitée, que iamais ensuite il n'est arriué à l'Ame de hayr aucun objet, que les mesmes mouuemens ne se soient excitez dans le cerueau & dans tout le reste du Corps.

Aussi est-il certain que dans la hayne, on a le poux inégal, plus petit & souuent plus viste ; on sent des froideurs entremélées de chaleurs aspres & piquantes ; & loin de faire digestion, l'on se sent presque toûjours solicité à vomir.

Quant à la premjere ioye, elle peut estre arriuée de ce que le Corps n'ayant pas eu besoin d'vn nouuel aliment qui vinst de l'estomach & des intestins, ny de celuy que la ratte, ou la vesicule du fiel fournit lors qu'il y a disette d'aliment ; il a pû subsister par le sang, déja coulant dans les arteres, & dans les veines. Car en cét estat, par la seule disposition du Corps, quelques esprits au lieu de couler du cerueau, vers les endroits respondans à l'estomach, aux intestins, à la ratte, & au foye,

La ioye.

R iiij

ont esté vers les endroits des veines, & les ont pressées au sens qui estoit le plus propre pourfaire couler vers le cœur, le sang dont elles estoiens pleines ; c'est ce qui est arriué, quand il n'y a eu que le Corps.

Mais lors que l'Ame y a esté iointe, vne si belle disposition n'a pû estre dans toute l'habitude du corps & principalement du cerueau, que l'Ame n'en ait eu de la ioye, c'est à dire, qu'elle n'ait eu cette extreme satisfaction que l'on a, quand on sçait que rien ne manque à ce qu'on ayme parfaitement, & qu'il a en soy tout ce qui le peut conseruer dans vn estat conuenable à sa nature. Et enfin cette pensée de l'Ame a esté si bien iointe à cette disposition interieure du cerueau, dans ce moment ; que depuis l'Ame n'a pû auoir de ioye, qui n'ait excité vne semblable disposition dans le cerueau, & de là dans tout le Corps.

Aussi voyōs-nous que dans la ioye, les esprits coulant vers les muscles qui sont auprés des veines & des parties exterieures, & non pas vers les muscles des visceres de l'estomac, du foye & de la ratte; Ils poussent tout le sang des veines vers le cœur, dont les orifices estant ouuerts par d'autres esprits qui coulent par les nerfs qui y respondent, y laissent entrer le sang auec abondance. Et comme ce sang a déja passé plusieurs fois des arteres aux veines, il se dilate plus aisément dans le cœur; & les esprits que le cœur enuoye au cerueau, sont plus égaux & plus subtils : D'où vient que durant la ioye, le poux est plus égal, & plus viste qu'à l'ordinaire ; sans estre toutesfois si fort ny si haut que dans l'amour ; & l'on sent vne chaleur agreable, non seulement en la poitrine, comme en l'amour, mais par tout à l'exterieur, où le sang est abondant. L'on a mesme pour l'ordinaire moins d'appetit, à cause que sortant peu de chose des intestins & de l'estomach, & le sang qui est dans le Corps pouuant seruir à sa nourriture, & à l'entretien des esprits, il n'y a pas occasion d'appeter de nouueaux alimens.

La tristesse.
La tristesse au contraire, a pû venir de ce que le cœur ne receuant plus d'aliment de l'estomach & des intestins, parce qu'ils estoient vuides; ny du sang des veines, parce qu'il y en auoit peu dans tout le Corps: les esprits ont coulé vers la ratte & vers la vesicule du fiel, qui n'enuoyant que des humeurs contraires à tout le Corps, ont fait que quelques esprits coulans par les nerfs qui respondent au cœur, en ont retresfi les orifices, afin qu'il n'y entrast de ce mauuais sang, qu'autant qu'il en falloit pour entretenir la vie.

C'est ce qui a pû arriuer quand il n'y a eu que le Corps; mais lors que l'Ame y a esté iointe, vne si mauuaise disposition n'a pû estre dans toute l'habitude du Corps, & pricipalement du cerueau, que l'Ame n'en ait eu de la tristesse, c'est à dire, cette extreme fascherie que l'on a quand on void que presque tout manque à ce qu'on ayme parfaitement, & qu'il n'a presque rien en soy qui ne luy soit nuisible.

Et enfin cette pensée de l'Ame a esté si bien iointe à cette disposition interieure du cerueau, dans ce moment, que depuis l'Ame n'a pû auoir de tristesse, pour quelque cause que ç'ait esté, qui n'ait excité vne semblable disposition dans le cerueau, & de là dans tout le Corps.

Aussi voyons nous que dans la tristesse, les orifices du cœur sont retressis, & que sans qu'il vienne que peu de sang des veines, il n'y a presque que la ratte ou la vessie du fiel qui enuoyent leurs humeurs vers le cœur; & que cependant les paſſages de l'eſtomach & des inteſtins demeurent ouuerts, en ſorte que ce qu'ils contiennent, coule promptement vers le bas, ſans paſſer en nourriture. D'où vient que quand on eſt triſte, le poux eſt lent, & foible, on ſent comme des liens autour du cœur qui le ſerrent, & quelques fois des glaçons qui le gelent, & qui communiquent leur froideur à tout le Corps : Cependant on ne laiſſe pas d'auoir bon appetit, & de manger beaucoup, ſans que l'on puiſſe engraiſſer; ce qui arriue lors qu'on a ſimplement de la triſteſſe, & qu'il n'y a point d'autre paſſion mélée à celle-là, comme la hayne.

Il eſt éuident par l'examen que j'ay fait de ces quatre paſſions, qu'elles n'ont eſté excitées la premiere fois, que par des choſes qui ſe paſſoient dans le corps meſme : car on void que leurs premieres cauſes ont eſté, ou bien vn nou-

DV CORPS ET DE L'AME. 205

uel aliment, qui felon qu'il eſtoit conuenable ou nuiſible, a diſpoſé les eſprits à courir aux parties d'où il venoit; ſoit pour luy faciliter vn paſſage au cœur, comme dans l'amour; ſoit pour le luy fermer, comme dans la hayne : ou bien le ſang des veines qui, ſelon qu'il a eſté abondant, ou en petite quantité, a cauſé le different cours des eſprits vers les extremitez du corps, & vers les orifices du cœur, ſoit pour les élargir, comme dans la ioye, ſoit pour les eſtreſſir, comme dans la triſteſſe : Et par ce moyen ie voy clairement que les premieres cauſes de ces quatre paſſions ſont dans le Corps meſme, & qu'il peut, ſans eſtre tranſporté d'vn lieu en l'autre, en reſſentir tous les effets.

Mais le deſir n'a pû naiſtre *Le deſir* que de ce qe'il a eſté neceſſaire que le Corps fuſt tranſporté du lieu où il eſtoit, vers quelque autre, ſoit pour éuiter quelque chose qui l'auroit détruit, soit pour l'approcher de quelqu'autre chose qui pouuoit seruir à sa conseruation ; & toutes les parties exterieures, ou quelques vnes d'elles, ayant esté ébranlées immediatement par les Corps enuironnans, ou par d'autres plus éloignez, ont émeu le dedans du cerueau par le moyen des nerfs. De sorte que les esprits ont cessé de couler vers les intestins & vers l'estomach d'où vient le nouueau suc, & vers la ratte & le foye, d'où vient l'aliment au defaut de ce nouueau suc, & mesme vers les veines d'où vient le sang le plus propre à l'entretien de la vie : Et ces esprits ont esté portez auec effort & en abondance dans tous les muscles qui seruent à transporter le Corps vers les endroits où il luy est le plus vtile d'estre, ou à le mettre en la situation qui luy est la plus commode. Et cela a pû estre ainsi, quand mesme il n'y a eu que le Corps. Mais depuis que l'Ame y a esté vnie, elle n'a pû estre auertie par les impressions interieures qu'auoit fait dans le cerueau l'ébranlement des parties du dehors, qu'elle n'ait souhaité que le Corps fust transporté vers les lieux où il estoit besoin pour luy qu'il le fust, & qu'il quittast ceux où il ne pouuoit demeurer sans peril : Et l'on a nommé Desir la pensée qu'elle a eu de suiure ce qui pouuoit seruir au Corps, & l'on a nommé Crainte la pensée qu'elle a eu d'éuiter ce qui luy pouuoit nuire; l'vne & l'autre pensée n'estant pourtant que la mesme, à vray dire.

Et cette pensée de l'Ame a esté si bien iointe à la disposition interieure où estoit tout le cerueau dans le premier moment qu'elle a esté excitée en l'Ame; que depuis ce temps l'Ame n'a pû auoir aucun desir pour quoy que ce soit, qui n'ait excité vne semblable disposition dans le cerueau, & de là dans tout le Corps. Aussi voyons nous que dans le defir, les esprits coulent auec effort dans les veines qui seruent à mouuoir tout le Corps : D'où vient que souuent, quoy que l'on ne croye pas pouuoir obtenir la chose qu'on souhaite en allant vers l'endroit où l'on sçait qu'elle est ; neantmoins on est sujet à marcher comme pour y aller ; ou si l'on se tient en vne place, on sent d'extremes agitations au cœur, & les particules, qui exhalent du sang qui s'y échauffe extraordinairement, montent auec tant d'impetuosité au cerueau, & coulent si viste de là dans les muscles, qu'à peine se peut-on contenir.

Ayant ainsi distingué dans la douleur, dans la volupté, dans le chatoüillement, dans la faim, dans la soif, & dans toutes les passions principales ; comme sont l'amour, la hayne, la ioye, la tristesse, & le desir, ce qu'il y a de la part du Corps & de la part de l'Ame ; il me semble reconnoistre éuidemment, que s'il y
a des

DV CORPS ET DE L'AME. 209
a des Corps au monde, qui sans
estre vnis à des Ames, soient mou-
uans & mobiles (ce que ie sçay estre
possible, puisque ie sçay que mon
Ame ne cause ny la vie, ny les mouuemens de mon Corps;) les Corps
sans Ames pourroient auoir tous
les mouuemens de la douleur, de
la volupté, du chatoüillement,
de la faim, de la soif, de l'amour,
de la hayne, de la ioye, de la tristesse, du desir, & de la crainte,
sans qu'il fût besoin qu'ils en eussent
les sentimens : Mais sans preuenir
cette difficulté, qui commence à ne
m'estre plus considerable, & sans
sortir si tost de moy-mesme, ie veux
tascher de reconnoistre dans les autres effets qui prouiennent de l'v-
nion du Corps & de l'Ame, ce qu'il
y a precisément de l'vn & de l'autre.

Dans *la vision*, par exemple, il *La vi-*
est facile de conceuoir, que s'il n'y *sion.*
auoit que le Corps, les rayons du
Soleil, ou d'vn flambeau, refle-
chissant des objets, pourroient

S

selon la diuerſité de ces objets, exciter diuerſement les filets du nerf optique, qui ſont répandus dans le fonds de l'œil ; & que cét ébranlement continuant iuſques dans le cerueau, luy donneroient auſſi vn ébranlement, tel que ſuiuant le rapport que l'ouurier admirable qui l'a compoſé, a mis entre le cerueau & les objets qui entourent le Corps ; il s'ouuriroit en differents endroits, ſelon qu'il feroit à propos de s'arreſter en la preſence de ces objets, ou de s'en approcher ou de les fuyr, & tout cela ſe feroit ſans apperceuance, ſans ſentiment, & ſans choix.

Mais lors qu'vne Ame eſt vnie au Corps, comme il eſt de la nature de l'Ame de penſer, il eſt conuenable qu'elle s'apperçoiue des choſes qui ont cauſé l'ébranlement du cerueau ; qu'elle ſente meſme quelque alteration en elle, ſuiuant que l'objet eſt vtile ou nuiſible au Corps ; & que, choiſiſſant ce qui est plus expedient au corps, elle souhaite qu'il demeure, ou qu'il soit transporté, proche ou loin des objets qu'elle apperçoit par son entremise.

Et il est bon de remarquer icy, que la sensation de l'Ame en la vision, est tellement jointe à certains mouuemens interieurs du cerueau; que s'il y a quelque chose qui arreste vers le milieu du nerf optique, le mouuement que les rayons de la lumiere ont causé dans les bouts de ce nerf qui sont au fonds de l'œil, en sorte que les extremitez du mesme nerf qui sont au dedans du cerueau, n'en soient point ébranlez ; l'Ame n'aura point de sensation de lumiere. Et c'est tellement à l'ébranlement de ces parties interieures du cerueau que la sensation de la lumiere est jointe; que si quelque chose ébranle ces parties interieures du cerueau, tout aussi-tost l'Ame a les mesmes sensations qu'elle auroit en la presence du Soleil, d'vn flambeau, ou d'vn feu ; & de fait, lors que quelqu'vn se frape rudement contre vn mur dans quelque lieu fort obscur l'ébranlement que le coup donne à tout le cerueau, venant à émouuoir les parties à l'occasion du mouuement desquelles l'Ame a la sensation de la lumiere, fait que l'Ame a les mesmes sensations qu'elle auroit en la presence de mille chandeles.

Il faut encor obseruer vne seconde chose, qui est que l'Ame ne rapporte pas sa sensation à ce qui la cause immediatemēt; car si cela estoit il est constant que toutes les sensations luy arriuans à l'occasion des mouuemens interieurs du cerueau, elle deuroit toutes les rapporter aux parties interieures du cerueau. Mais au contraire il a esté bon que l'Ame rapportast ses sensations aux endroits d'où ces ébranlemens ont coûtume de proceder, & comme il est vtile au corps que le cerueau puisse estre ébranlé de loin par l'entremife des corps fubtils qui font entre luy & les objets, & d'eftre difposé ou à les fuir ou à les aborder, felon qu'ils luy font conuenables : de mefme il eft vtile à l'Ame de rapporter la fenfation qui luy eft caufée par l'ébranlement des parties interieures du nerf optique, aux objets qui les ont excitez par l'entremife des rayons.

Ce n'eft pas que quelques fois cela ne foit fautif, comme nous l'auons veu par l'exemple de ceux à qui quelque grand coup fait voir des chandeles, & comme on le peut voir par l'exemple de ceux, qui en dormant voyent comme hors d'eux, force objets, qui ne leur font pas prefens : Car encor que dans le premier exemple cela arriue parce que le cerueau eft ébranlé par le coup comme il le feroit par des chandeles ; & dans le fecond parce que quelques efprits courants dans le cerueau ont ébranlé les parties que les objets qu'on voit dans le fonge, ébranleroient, s'ils estoient presens, il est certain que rien ne pouuoit estre mieux ordonné que de faire que l'Ame n'eust ses sensations, qu'à l'ocasion des mouuements interieurs du cerueau, & qu'elle ne les rapportast qu'à ce qui les a causez. Il estoit bon, dis-je, qu'elle n'eust ses sensations, qu'à l'ocasion des mouuemens du cerueau ; Car tout ce qui agit sur les extremitez du corps, deuant porter son action iusque là, auant que les esprits puissent prendre aucun cours pour transporter le corps, selon qu'il luy est vtile d'estre transporté ; il estoit raisonnable que l'Ame s'aperceust iustement en cét instant de ce qui affecte le corps, afin de pouruoir à ses besoins, & qu'elle peust ayder cette disposition organique & naturelle qu'il a pour sa conseruation. Et enfin il est bon qu'elle ne rapporte pas sa sensation à la partie interieure du cerueau qui l'a excité, mais à l'objet qui en a esté la premiere cause, comme en la vision ; ou

DV CORS ET DE L'AME. 215
quelquesfois à des parties du corps
mesme, comme nous le verrons dans
la suite.

L'on peut connoistre les mesmes *L'ouye.*
choses dans l'Oüye ; car il est certain
que s'il n'y auoit que le Corps, l'air
battu d'vne certaine façon par les
Corps qui se froissent, ou sortant
diuersement de plusieurs trous,
pourroit fraper diuersement la
membrane de l'oreille ; & cette
membrane pouroit exciter le nerf de
la cinquiesme conjugaison, par vn
ébranlement, qui continuant iusques aux parties les plus interieures
du cerueau, le disposeroit comme
il seroit à propos qu'il le fust, pour
le salut de tout le Corps, en le faisant ouurir aux endroits par où les
esprits pourroient couler dans les
muscles, d'vne maniere à faire arrester le Corps, & à l'approcher ou
le reculer des objets qui auroient
esté les premieres causes de cét é-
branlement dans le cerueau. Et
tout cela se feroit sans apperceuan-

ce, sans sentiment, & sans choix.

Mais on conçoit que l'Ame estant vnie au Corps, comme sa nature est de penser, il est conuenable qu'elle s'apperçoiue des choses qui ont causé cét ébranlement du cerueau ; qu'elle sente mesme quelque alteration en elle, selon que l'objet est vtile ou nuisible au Corps ; & que choisissant ce qui est plus expedient au Corps, elle souhaite qu'il en soit approché ou reculé. Enfin on voit qu'il est plus expedient à l'Ame en cette sensation, aussi-bien qu'en la vision, de la rapporter pluftost à l'objet, qui en est la premiere cause, qu'à l'ébranlement du cerueau, qui l'a immediatement excitée.

L'odorat Cela se peut aussi appliquer à l'Odorat ; puisque l'on voit que les petits corps qui exhalent d'vne rose, ou d'vn bourbier, estant differens, ils ébranlent diuersement les parties du cerueau, qui aboutissent à l'os à l'os cribreux; & que cét ébranlement passant dans le fond du ceruëau, le dispose comme il faut qu'il le soit, ou pour faire que les esprits aillent dans les muscles qui peuuent seruir à éloigner le corps du bourbier; ou pour le faire auancer vers la rose, selon que les odeurs sont vtiles ou nuisibles au Ceruëau: Et l'on conçoit aisément que toutes ces choses pouuant arriuer, quand il n'y auroit que le Corps; tout cela se feroit sans apperceuance, sans sentiment, & sans choix.

Mais on conçoit que l'Ame estant vnie au Corps, il est conuenable qu'elle s'apperçoiue des choses qui ont causé l'ébranlement du ceruëau; qu'elle sente elle-mesme quelque changement different, selon les differents effets que ces choses ont produits dans le ceruëau; & que choisissant ce qui luy est le plus propre, elle souhaite qu'il en soit approché ou reculé. Et l'on voit qu'il est plus expedient à l'Ame de rap-

T

porter cette senfation à l'objet qui la caufée, qu'à aucune partie du Corps, ny mefme au dedans du cerueau, quoy que ce foit par fon ébranlement qu'elle foit excitée.

Leçon 57. Il en eft de mefme du gouft; car certaines particules de viandes s'infinuant dans les pores de la langue & du palais, y ébranlent les nerfs de la troifiéme & de la quatriéme conjugaifon ; & cét ébranlement agitant diuerfement le cerueau, felon la diuerfité des parties qui l'ont caufée, fait que le cerueau s'ouure aux endroits d'où les efprits peuuent couler en mefme temps vers des glandes qui renferment vne eau, dont les parties font telles, qu'en fe mélant aux viandes, elles peuuent feruir, en les délayant, à faciliter leur paffage dans l'efophage; & vers les mufcles qui peuuent remuer les machoires, & les dents, qui doiuent feruir à faire la premiere refolution des viandes folides. Il peut auffi eftre que les viandes foient mêlées de petites parties, dont les figures ébranleront les nerfs de la langue & du palais, d'vne maniere qui difpofe le cerueau à enuoyer des efprits dans les mufcles, comme il faut qu'ils y foient pour faire rejetter les viandes de la bouche. Et tout cela pourroit arriuer quand il n'y auroit que le corps, & fans qu'il fuft befoin d'apperceuance, de fentiment, ou de choix.

Mais l'Ame eftant vnie au Corps, on voit qu'il eft bon qu'elle s'apperçoiue de l'aliment, qu'elle le fente ; & que choififfant, ou de le laiffer, ou de le prendre, elle fouhaite que le mouuement des efprits fe conforme à l'vn ou à l'autre de ces effets.

Au refte, il eft fi vray, que fi elle n'eftoit point vnie au corps, cette feule conformation feroit rejetter les viandes de mauuais gouft, c'eft à dire, celles dont les parties, en mouuant les nerfs du palais & de la langue, affectent mal le cerueau ; Que souuent, quand on veut absolument se forcer à manger certaines choses, contre les dispositions qu'elles ont causées dans le cerueau ; l'on voit que l'on a mille peines à le disposer à laisser couler les esprits où il faut qu'ils coulent, pour faire aualer ce qu'il estoit disposé de rebuter. Et si l'Ame (dont les souhaits sont plus puissans sur les endroits du cerueau qui respondent aux muscles destinez à remuer certaines parties exterieures) fait que cette viande entre dans le gozier ; comme elle peut beaucoup moins sur les endroits respondans aux muscles interieurs, qui ne sont que pour émouuoir les visceres ; il arriue souuent que dés que la viande est dans l'estomach, les esprits coulent abondamment du cerueau, vers tous les muscles, dont l'action peut en souleuant le ventricule, l'obliger à s'en décharger par le vomissement ; à quoy l'Ame mes-

DV CORPS ET DE L'AME. 221
me consent, quand les mouuemens
de l'estomac ont ébranlé le cerueau,
d'vne maniere dont elle reçoit de
facheuses sensations : car alors,
quoy qu'elle ait voulu que la viande entrast dans l'estomach, elle ne
peut s'empescher de consentir au
cours que prennent les esprits pour
les faire sortir, quand elle en ressent de grandes douleurs.

Au reste il y a cela de notable,
que l'Ame ne rapporte point cette
sensation, non plus que les autres,
aux parties du cerueau, qui l'excitent en elle ; mais aux parties de
la langue & du palais, parce qu'il
est expedient qu'elle sente comme
en ses parties, afin que s'il y a du
mal, les viandes ne passent pas
plus auant.

Pour le toucher ; l'on sait que Le toucher.
dés que les nerfs des extremitez du
corps, sont ébranlez par les corps
enuironnans, chaque filet continuant iusques au cerueau, y fait
T iij

vn ébranlement qui fait couler les esprits dans les endroits où il est vtile à tout le corps, qu'ils se respandent : Et cela doit arriuer par la seule construction du Corps, sans suposer aucune perception, aucun sentiment, ny aucun choix. Au lieu que quand l'Ame est vnie au Corps ; le cerueau ne peut plus estre ébranlé par l'action des objets, qui touchent le corps, qu'elle ne s'en apperçoiue, & ne souhaite ce qui est le plus expedient au Corps.

Il faut obseruer que l'Ame rapporte ce sentiment aux parties du Corps, lesquelles ont esté touchées les premieres, & non pas aux parties du cerueau, qui l'ont excitée en elle.

On en a deux preuues indubitables ; la premiere est, que si on fait vne forte ligature au milieu du bras, & que l'on fasse vne incision à la main, on ne sentira pas l'incision, parce que l'ébranlement des filets des nerfs qu'on coupe à la main, estant aresté à la ligature, ne peut paruenir aux extremitez que ces mesmes filets ont dans le cerueau : Et comme ce n'est qu'à l'occasion de l'ébranlement du bout que ces filets ont dans le cerueau, que l'Ame sent ; il ne faut pas s'estonner qu'elle ne puisse sentir ce qui se passe vers la main, quand le milieu est empesché.

La seconde preuue est, que si on coupe la main d'vn homme, il sent encore long-téps apres des douleurs dans les doigts de cète main qu'il n'a plus. Et afin de parler plus correctement, il a les mesmes sensations ; qu'il auroit s'il auoit encore cette main & qu'elle fust blessée : Ce qui n'arriue que parce que les filets des nerfs qui s'étendoient iusques à cette main, estant encore remuez dans le cerueau, de la mesme façon qu'ils le seroient, si la main estoit encore iointe au reste du corps ; le cerueau en reçoit les mesmes impreſſions, & les mêmes mouuemens. Et comme ces mouuemens eſtoient inſtituez pour repreſenter à l'Ame ce qui ſe paſſoit, elle rapporte toûjours ſon ſentiment à cette main, qu'elle n'a plus; & cela dure autant de temps qu'il en faut pour ioindre, par raiſonnement, ce ſentiment aux parties qui par le retranchement de la main, ſont deuenuës les extremitez du bras, c'eſt à dire, au poignet.

Et cela fait voir pourquoy l'Ame, qui n'eſt pas à dix lieuës du corps, voit ou entend ce qui eſt à dix lieuës du corps : car pourueuque l'air, ou quelque matiere plus ſubtile, pouſſée par des objets éloignez, touchent les organes, & que le cerueau en reçoiue les impreſſions, l'Ame qui en a les ſentimens, les rapporte aux objets qui les cauſent; & il n'eſt pas plus neceſſaire qu'elle ſente à dix lieuës du corps, pour voir ou pour entendre ce qui s'y paſſe, qu'il eſt neceſſaire qu'elle fente dans fa main ce qui s'y fait. Or comme ces deux exemples que i'ay rapportez, font voir nettement que ce n'eft point dans la main que l'Ame fent, quoy qu'elle y rapporte fon fentiment ; Il eft aifé auffi de voir que ce n'eft pas à dix lieuës du corps, qu'elle fent les objets qui y font, encore qu'elle rapporte là fes fenfations.

Et pour derniere conuiction, il ne faut que confiderer l'effet des fonges, dans lefquels nous voyons fouuent le Ciel, la Mer, & la Terre, felon toute l'eftenduë qui nous en eft vifible ; & cependant nous auons les yeux fermez, & il n'y a que les parties interieures du cerueau, qui foient ébranlées par le cours fortuit de quelques efprits. Et comme le mouuement de ces parties eft inftitué pour exciter en l'Ame la vifion ; fi ces parties font ébranlées par le cours des efprits, comme elles le feroient par les objets mefmes, nous auons les mefmes fenfations que leur prefence nous cauferoit, & nous les rapportons auffi loin que nous les rapporterions, fi ces fenfations eftoient effectiuement caufées par les objets. De la mefme maniere nous entendons fouuent en fonge le bruit, nous auons des goufts & des odeurs, fans qu'il y ait aucune caufe de toutes ces fenfations, que l'ébranlement des parties interieures du cerueau. Ainfi le mouuement de ces parties du cerueau, eftant ioint à quelque fentiment de l'Ame ; fi-toft que ce mouuement arriue par quelque caufe que ce foit, dans le cerueau; le fentiment qui luy refpond ne manque point d'eftre excité, en l'Ame : & l'Ame les rapporte toûjours où il eft plus expedient qu'elle les rapporte pour la conferuation de tout le corps.

En effet, elle rapporte hors du corps la Vifion, qui eft la fenfation qu'elle reçoit par l'ébranlement des nerfs optiques ; l'Ouye, qui eft la sensation qu'elle reçoit par l'ébranlement des nerfs de l'oreille; & l'Odorat qui est la sensation qu'elle reçoit par l'ébranlement des parties du cerueau, qui aboutissent à l'os cribreux : Et cela afin d'éuiter les choses nuisibles, auant qu'elles soient trop proches; & pour aller chercher celles qui peuuent seruir, quand elles sont éloignées. De mesme, elle rapporte le goust & le toucher aux extremitez du corps, parce que les premieres sensations pouuant estre fautiues, il est bon de faire, par vne de ces deux sensations, vne derniere épreuue des choses qui touchent à nostre corps, ou de celles qui y doiuent entrer. Et enfin elle rapporte à l'estomach & au gozier, les sensations de la faim & de la soif, parce qu'il est vtile de rapporter à ces parties vn sentiment, qui peut exciter l'Ame à souhaiter que tout le reste du corps se dispose, comme il faut qu'il le soit, pour leur procurer ce qui leur manque.

Au reſte, comme l'Ame n'a aucune ſenſation, que quelque mouuemens du cerueau n'en ſoit l'occaſion; & côme elle n'imagine aucun objet corporel, que par ce rapport aux parties du cerueau; il eſt viſible que tant qu'elle eſt vnie au corps, elle ne peut imaginer tout à la fois, que les objets dont le cerueau peut receuoir les impreſſions en meſme temps. Mais il eſt aiſé de conceuoir qu'eſtant ſeparée du corps, elle pourroit imaginer à la fois tous les corps, & en voir les proprietez, ſans que l'vn empeſchaſt la connoiſſance de l'autre. Car ſi à preſent vn corps ſolide empeſche la veuë de celuy au deuant duquel il eſt, c'eſt que la lumiere ne peut reflechir que de la ſuperficie; & que les rayons eſtant pouſſez vers le nerf optique, dont l'ébranlement doit preceder la ſenſation de l'Ame tandis qu'elle eſt vnie au corps; il arriue qu'elle ne peut apperceuoir que les objets, qui reflechiſſent la lumiere vers les yeux du corps qu'elle qu'elle anime : Mais si elle estoit libre, cette raison en laquelle consiste toute son vnion auec le corps cessant, c'est à dire, ses pensées n'estant plus necessairement iointes au mouuement d'vn certain corps, il s'ensuit qu'il ne repugne pas qu'elle pust à la fois apperceuoir tous les autres. Et en effet, n'estant pas Corps elle mesme, elle ne doit pas estre assujettie aux loix des corps, qui ne peuuent receuoir immediatement que l'action de ceux qui les enuironnent : Et il est certain qu'encore que presentement elle ne soit excitée que par les mouuemens interieurs du cerueau, iamais elle ne les apperçoit ; mais seulement les objets qui causent leur ébranlement, quelques éloignez qu'ils soient ; dont il suit que quelque nombre de corps qui enuironnent celuy qu'elle voudra apperceuoir, quand elle ne sera plus vnie au corps, elle pourra l'apperceuoir, sans que les corps enuironnans l'en empeschent. Et si cela n'arriue pas dés à present, c'est que

V

son vnion auec le Corps ne consistant qu'en ce qu'elle ne doit apperceuoir les autres, qu'autant qu'ils concernent celuy qu'elle anime ; & que par les ébranlemens du cerueau, elle ne peut en apperceuoir à la fois, qu'autant qu'il y en a qui le peut ébranler à la fois.

Ie pourrois porter mes considerations plus auant, soit touchant ce qui regarde le Corps ou l'Ame à part, soit touchant ce qui resulte de leur vnion. Mais il me suffit d'en auoir examiné les choses les plus ordinaires, & qui peuuent rendre raison des autres ; c'est pourquoy portant dores-en-auant mes considerations hors de moy, ie tascheray de reconnoistre si entre les corps qui me nuiront, il n'y en a point ausquels ie sois obligé de croire qu'il y ait des Ames vnies.

FIN

www.ingramcontent.com/pod-product-compliance
Lightning Source LLC
Chambersburg PA
CBHW062020180426
43200CB00029B/2191